아침의 토스트

김영주 냅킨 에세이

김영주 | 밑줄수집가

소설, 에세이 등 다양한 분야에서 글을 쓰며
매일 아침 책상 앞에 출근해 책을 굽는다.
출간한 책으로는 에세이집 《오늘의 온기를
채우러 갑니다》, 《커피 앞에서 쓰기》, 장편소설
《증발된 여자》, 단편소설 <커리우먼>,
<모퉁이 빵집> 등이 있다.

아침

'너무 일찍 일어난 날'
'기차 달리는 소리'를 들으며
다시 글을 쓰기 시작했다.

작가 무라카미 하루키처럼
매일 아침 달리기는 못해도
종이 위의 조깅 정도는
가능할 것으로 생각했다.

- 결과 -
매일 쓰지는 못했다.
그래도 포기하지 않았더니
한 권의 책이 됐다.

토스트

오늘 아침에는 밥보다 빵이 좋겠다.

토스터에서 갓 구워진
따뜻하고 바삭바삭한 식빵 위에
달콤한 딸기잼을 잔뜩 발라
노른자가 살아있는
달걀 프라이와 함께 먹으면 좋겠다.

온 집 가득 향이 퍼지는
쌉쌀한 원두커피가 있으면 더 좋겠다.

그리고 누군가
이 짧은 글을 읽으면서
아침을 시작했으면 좋겠다.

그러면 참 좋겠다.

기차 달리는 소리

지금 사는 집에서는
매일 아침 기차 소리가 들려온다.
긴 잠을 깨워준다.

이 새벽부터
기차에 오른 사람들은
어떤 사람들일까.

고향의 부모님이 생각난다.

매일 새벽 5시에 눈을 뜨는
어머니. 아버지.

게으른 나는
겨우 이 시간에 일어나고서
부지런해졌다고 자만한다.

기차는 계속 달리는데.

너무 일찍 일어난 날

평소보다
너무 일찍 일어난 날은 당황스럽다.

창밖은 아직 캄캄한데,
정신은 밝다.

뭔가를 하기에는 썩 내키지 않고
다시 잠들기에는 아까운 생각이 든다.

세상은 고요하고,
창밖으로는
차 달리는 소리만이 들려온다.

나는 책상 앞에 앉아
노트북을 연다.

그러면서 내일도 오늘처럼
일찍 일어나야지 다짐한다.
이런 날은
쉽게 오지 않아서 더 소중하다.

[아침] 편 읽는 라디오

아침 테마의 글 <너무 일찍 일어난 날>을 쓰던 그때, 저는 잠시 무기력증을 겪는 중이었습니다. 새해에 결심한 매일 쓰겠다는 다짐도 무너진 지 오래였지요.

자기계발서와 같은 책들을 보면 작은 습관이라도 꾸준히 반복하는 것이 중요하다고 하잖아요.

팔 굽혀 펴기 1번, 영어 문장 1줄 외우기, 책 한 장 읽기....
어떤 일이든 상관없을 겁니다.

저 역시 그런 작은 성취감을 느껴보고, 다시 의욕을 되찾고자 아침마다 30분씩 짧은 글쓰기를 시도해 봤는데요.
그렇게 쓴 글이 모여 한 권의 책,
《아침의 토스트》가 되었습니다.

다시 의욕을 되찾고자
매일 아침, 냅킨 1장 분량의
짧은 글쓰기를 시작했다.
그렇게 쓴 글 묶음이
책 '아침의 토스트'가 되었다.

요리

잘 하지는 못하지만
요리하는 것은
내게 또 하나의 즐거움이다.

작년 겨울,
양식조리 기능사 시험에
독학으로 도전했다가
불합격 통지를 받았다.
눈물이 났다.

집으로 돌아오는 길에
맛있는 음식을 사 먹었다.
기분이 다시 좋아졌다.

미역국

들깻가루가 생겼다.
이걸로 뭘 만들 수 있을까.

들깨 미역국 요리법을 찾았다.

평소 내가 미역국을 끓이는 방법은
특별하지 않았다.

참기름에 소고기를 달달 볶다가
불린 미역을 잘라 넣고 같이 볶는다.
잠시 후에 물을 붓고, 국간장과 간 마늘
몇 숟갈을 넣고 팔팔 끓이면 끝.

들깨 미역국의 레시피도
다행히 별다른 것은 없었다.
평소대로 미역국을 끓이고
들깻가루는 마지막에 눈대중으로 듬뿍-

작은 시도 하나로 이제
두 가지 미역국을 만들 수 있게 됐다.

오믈렛 또는 스크램블

아침 식사 준비.

작은 프라이팬에 달걀 3개를 풀어
둥근 타원형의 오믈렛을 만든다.

어떤 날은
완벽한 모양이 만들어지고

어떤 날은
완전히 실패하기도 한다.

어떤 날은 망가진 오믈렛으로
달걀 스크램블을 만들었다.

실패를 거듭하다 보면
때로는 새로운 길이 열린다.

설거지

요리의 기쁨
식사의 즐거움이 끝나고 나면
수북이 쌓인 그릇이 기다리고 있다.

미루고 싶지만 피해 갈 수 없다.

어느새 아무 생각 없이
설거지를 모두 끝냈다.

깨끗한 그릇이 다시 제자리를 찾았다.
나도 책상으로 다시 돌아왔다.

빈 그릇에서, 빈 페이지에서
매일 다시 시작한다.

[요리] 편 읽는 라디오

요리한다는 것은 많은 변수를 가지고
있어서 더 매력적인데요.

같은 레시피를 보고도 불의 세기,
요리 도구, 양념, 요리하는 사람의
마음가짐 또는 손맛에 따라
다양한 맛을 내기 때문이지요.

그런 면에서 요리는 우리 인생과도
닮아있는 것 같습니다.

아무리 좋은 레시피가 담긴 요리책을
본다고 해도 모두가 같은 결과물을
만들 수 있는 것은 아니듯이
훌륭한 삶의 지혜나 지침이 있다고
할지라도 저마다 인생을 선택하며
살아간다는 점에서 말이지요.

같은 요리책을 봐도
만드는 이의 마음에 따라
결과물은 달라질 수 있다.
똑같이 주어진 하루이지만,
나만의 인생 레시피를 써본다.

먹다

오직 먹기 위해서
사는 것은 아니지만
맛있는 음식을 먹는 순간에
삶의 기쁨을 느낀다.

오늘도 먹고, 쓰고 있다.

오늘도 살아있다.

흠과

인터넷 쇼핑몰에서 사과를 주문하려는데
'흠과'라는 낯선 단어가 보였다.

품질에 큰 이상은 없지만,
약간의 흠집 때문에 상품 가치가 떨어져
더 싸게 파는 과일을 의미한다고 한다.

예전에 먹었던 사과도 가끔 흠이 있었기
때문에 주문해 보기로 했다.

누군가
'그 사람, 좀 이상한 구석이 있지만
알고 보면 괜찮아.'라고 하면
그 사람이 조금 궁금해지기 마련이다.

물론 이건, 조금 더 싼
흠과를 샀기에 든 생각만은 아니다.

지하철역 만주 가게

친구를 기다리고 있는데, 맞은 편에 작은 만주 가게가 보인다. 아주머니가 봉투에 갓 구운 만주를 담고 있다. 조금 늦는다는 친구 연락에 사볼까 갈등한다.

'친구와 만나면 곧 저녁을 먹을 텐데' 하는 생각과 '까짓것 한 봉지인데' 하는 생각이 서로 싸우기 시작한다.

머릿속은 어느새 '만주 만주 만주'로 가득하다. 마치 그것만이 여기에 앉아 있는 목표가 되어버린 것처럼.

다행히 친구가 도착해서 만주와 나의 심리전은 거기서 일단락된다.

생각해 보니 지하철역에서 달콤한 만주 냄새가 날 때마다 고민한 것 같다.
이럴 때마다 쓸데없이 복잡하게 사는 건 아닌가 하는 생각이 든다.

대파

대파를 사 오면
미리 잘게 썰어서 냉동고에 얼려둔다.

찌개를 끓일 때도,
조림이나 볶음 요리를 할 때도
언제나 쉽게 넣을 수 있어서 좋다.

이렇게 대파를 미리 썰어두면
편리하다는 걸 알지만
귀찮아서 넘어갈 때도 있다.

모든 것을 완벽하게 해치운 것 같아도
귀찮은 일은 사방에 널려있다.

오늘 역시 사 온 대파를
바로 썰어서 냉동고에 넣었다.

어떤 날은 편리하게
어떤 날은 귀찮아하면서
그렇게 하루는 반복된다.

[먹다] 편 읽는 라디오

'흠이 있다'라고 하면, 부정적인 이미지가 먼저 떠올랐습니다.

그런데 상품으로 다시 가치를 인정받고 판매되고 있는 '흠과'를 보니 어떤 희망이 보이는 듯한 기분이 들었습니다.

주문해서 받아 본 흠과는 말 그대로 모양이 조금 예쁘지 않거나 작은 흠집이 있는 정도일 뿐, 다른 사과와 같이 맛있는 사과였습니다.

생각해 보면 우리 개개인도 장단점을 모두 가지고 있는데요.

누군가의 단점이라 여겼던 '흠'도 편견을 버리고 다시 보면 그 사람만의 개성으로 보일 지도 모릅니다.

단점이라 여겼던 '흠'도
편견을 버리고 다시 보면,
맛있는 흠과처럼
개성으로 보일 수도 있다.

마시다

내게는 무언가를
마실 때가
가장 편안한 순간이다.

커피 또는 차,
따뜻한 물 한 잔.

오늘은 무엇을 마실까.

고민하는 것도
일상의 즐거움 중
하나가 될 수 있다.

디저트 시간

작업 능률이 떨어지는
오후 2시에서 3시 사이
진한 커피 한 잔을 마신다

커피만으로도 충분하지만
가끔은 아쉽다.

얼마 전에 산 긴 막대 모양의
초콜릿 과자를 함께 먹는다.

조금 게을러지고 싶을 때 갖는
짧은 디저트 시간.

아직 남은 오늘을 위한 힘을
충전해두는 것 같은 위안을 느낀다.

캐머마일 티

잠들기 전에
캐머마일 티 한 잔을 마신다.

하루의 모든 걱정과 피로가 차 한 잔으로
모두 해결되지는 않지만,
따뜻하고 향이 좋은 차를 마시면
잠드는 데 도움이 된다.

알면서도 한동안은
차 마시는 것도 잊고 불면에 시달렸다.

다시 찻주전자에 물을 올린다.

치열한 날들은 또다시 지나갔다.

커피의 이름

낯선 카페에서 드립 커피를 마셨다.

- 케냐 키앙고이 피베리
- 에티오피아 예가체페 코체레

발음이 잘 안되어서 '케냐, 에티오피아
각각 1잔 주세요' 말하니, 각국 원두
중에서도 종류가 많다고 하신다.

다시 메뉴판을 보고
그 긴 이름을 또박또박 읽었다.

어쩌면 다음에 같은 커피를
다시 주문하지 못할지도 모른다.

가끔 이름이 기억나지 않는 사람과
마주쳐 어색하고 반가운 인사를
나눌 때가 있다.

이 원두의 향도 언젠가 그렇게 다시
스쳐 지나가지 않을까 생각한다.

[마시다] 편 읽는 라디오

스웨덴에서는 하루에 한 번 이렇게 차와
빵 쿠키 등을 즐기는 디저트 시간을
피카(FIKA)라고 부른다고 하지요.

피카는 집이나 공원, 직장 등 장소
상관없이 '잠시 한숨 돌릴 시간'을
의미한다고 하는데요.

스웨덴 사람들에게 피카는 그저 오후의
티타임만이 아니라 '삶의 순간을 느리게
음미하는 의식'에 가깝다고 합니다.
이처럼 마음만 먹으면 짧은 디저트 시간
도 눈 깜짝할 사이에 지나가 버리는
하루를 잠시 멈추고 음미하는 의식이
될 수 있는데요.

오늘부터 나를 위한 디저트 시간,
한번 누려보면 어떨까요.

마음만 먹으면
짧은 디저트 시간도
눈 깜짝할 사이에
흘러가는 하루를 잠시 멈추고
음미하는 의식이 될 수 있다.

입다

누구에게나
익숙하고 편안한 옷이 있다.

그러나 그런 옷을
찾기까지는
생각보다 꽤 오랜 시간이 걸린다.

지금 내게 잘 맞는 옷은
어떤 옷일까.

남색코트

겨울에 외출할 때는 언제나
남색 코트가 우선순위이다.

꽤 오래전, 저렴한 가격에 산
크고 단순한 디자인의 싱글 코트.

처음에는 선뜻 손이 가지 않았다.

어느 겨울,
이 코트를 다시 입어보고
진가를 알게 되었다.

이 커다란 코트 안에는
어떤 두께의 옷도 다 입을 수 있다.
어떤 색의 목도리도 다 받아들인다.
단순하고, 넉넉해서
누구에게나 너그럽다.

오늘도 남색 코트를 입고
어디든 간다.

오래된 옷

날씨가 좋아져서
짙은 푸른 색 데님 셔츠를 꺼내 입었다.

이 셔츠는 구김을 신경 쓰지 않아도
되고, 재킷 대신 입어도 좋다.
낡아도 멋스럽다.

매번 편하게 입다가 어느 순간
전혀 입지 않게 되는 옷이 있다.

이 옷은 꽤 오래 살아남았다.

이제는 옷을 살 때
얼마나 오래 입을 수 있는지
생각하게 된다.

때로는 사람 사이의 관계도
그런 것 같다.

세탁소

집에서 한 블록 떨어진 곳에 있는
세탁소에 겨우내 입었던
겨울 점퍼와 코트를 맡겼다.

세탁소에서 나오는데
목욕탕에 다녀온 것처럼
홀가분한 기분이 들었다.

[입다] 편 읽는 라디오

일상을 보내다 보면, 당시 잘못 선택했다고 생각한 일도 시간이 지나 의외로 좋은 선택이었다고 생각되는 때가 있습니다.

시간이 흘러 내 관점이나 생각이 변해서일 수도 있고, 정말 옳은 선택이었지만 스스로 확신을 갖지 못해서 그랬던 것일 수도 있겠지요.

혹시, 과거의 선택에 대해 후회하고 있다면, 제가 실패했다고 생각한 남색 코트를 다시 꺼내 입어보았듯 선택한 '무엇'에 대해 다시 한번 기회를 주면 어떨까요?

어쨌거나 선택하지 않았던 것보다 선택한 것이 내 삶과 맞닿아 있으니까요.

처음에는 마음에 들지 않던
코트를 버리지 않고
계속 입었더니
가장 편안한 옷이 되었다.

걷다

하루 종일
산책만 할 수 있다면
참 좋겠다,라고
생각하던 때가 있었다.

하지만 정말 하루 종일
산책할 수 있는 시간이 생기자
불안해지기 시작했다.

산책은 산책일 때 좋은 것-

신발 한 켤레

내가 가진 신발 중 가장 즐겨 신는 것은
가벼운 회색 러닝화다.

유행을 따라가는 디자인은 아니어도
어느 옷에나 무난히 어울리고
무엇보다 편안하다.

어떤 편안함은 돈이 아닌
시간을 들여야만 얻을 수 있다.

누구나 자신에게 맞는
신발 한 켤레쯤은 가지고 있다.

걷기

식사 후, 바로 작업을 하려고 하면
항상 잠부터 쏟아진다.
그럴 때는 걷기가 많은 도움이 된다.

사실 날씨가 추워진 후에는
밖으로 나가 걷기가 내키지 않았다.

버티고 버티다 해가 질 무렵,
하루가 아깝게 느껴져 밖으로 나갔다.

집안에 없던 풍경이
내 속도를 따라 느리게 흘러가고,
도무지 떠오르지 않던 문제들이
조금씩 해결점을 찾기 시작한다.

그러고 보면 걷기는 운동보다
생각에 더 가까운 것인지도 모른다.

언제나 걷기로 마음먹는 것까지가
가장 어렵다.

바람이 불 때

저녁에 약속이 있어서
어두워지기 전에 미리 나가기로 했다.

버스에 올라 이어폰을 꽂고
창밖을 보았다.
익숙한 풍경이 새롭게 보였다.

아직 해가 남아있을 때
나오길 잘했다고 생각했다.
기분이 좋아졌다.

약속 장소에 내렸을 때
난데없는 칼바람이 정면으로 불어왔다.
사람들은 모두 겉옷을 여미고
정신없이 목적지를 향해 간다.
내게는 2시간이나 남아있다.
불어오는 바람 속에도
어디든 갈 수 있다.

근처에 따뜻한 불빛을 밝히는
조그만 카페 하나가 보인다.

[견다] 편 읽는 라디오

산책로를 따라 걷는데 폭신폭신한
낙엽의 질감, 바스락 낙엽 밟히는 소리도
기분 좋게 들렸습니다.
이제 곧 눈을 밟는 날도 오겠지요.

걷는다는 것은 시간이 가는 것,
계절이 지나는 것을 몸으로 느낄 수
있는 활동일지도 모르겠습니다.

걷기는 운동보다
생각에 더 가까운지도 모른다.
언제나 걷기로 마음먹기까지가
가장 어렵다.

자리

나는 언제나
내 자리가 궁금했었다.

파티션으로 가려져 있던
사무실 책상
어느 편안했던 소파
내 방, 내 책상……

지금 나의 자리는
'지금 여기'

책상 앞 벽

책상 앞벽에
8절지 크기의 코르크판을 붙여 놓았다.

일주일의 계획표,
최근에 본 영화 포스터,
응원의 말들.

내가 원하고 좋아하는 모든 것이
뒤죽박죽 핀으로 꽂혀있다.

전망 좋은 방이나 카페의
아늑한 창가 자리를 찾게 되는 것은
아마도 내 앞의 풍경이 언제나
안정적이기를 바라기 때문일 것이다.

완벽한 풍경이 보이는 방에서도
변화는 계속된다.

오늘도 코르크판의
메모 하나를 바꾸었다.

1인용 탁자

카페로 들어서니
창가에 작은 탁자가 줄지어 놓여있다.

탁자 하나에
의자 하나.

혼자 온 나는
여러 개의 탁자 중 하나에 앉았다.

잠시 후 옆을 보니
어느새 1인용 탁자가 가득 차 있다.

모두가 각자
다른 창밖을 보고 있다.

거리에서

거리에서 익숙한 전주가 들려온다.

갑자기 가슴이 두근두근, 봄 바로 앞에
서 있는 것 같은 기분이 들었다.

흐르는 곡의 제목은 영화 〈접속〉의 OST
로 알려진 〈A Lover's concerto〉였다.

웅장하면서도 현악기의 선율이 따뜻하게
들리는 전주는 언제 들어도 설렌다.

문득 이 곡을 어디서나 들을 수 있던
시절의 활기찬 거리가 떠올랐다.

아쉽게도 그때의 시간을 나누었던
친구들은 서서히 연락이 끊어졌다.

그래도 이 음악이 들리는 곳에서는
그들도 비슷한 생각을 하고 있지 않을까,
생각한다.

[자리] 편 읽는 라디오

예전에는 '군중 속의 고독'이라는 말이
말 그대로 고독한 느낌이라고 생각했는
데요.

같은 말이라도 시간의 흐름에 따라
다른 느낌이나 의미로 다가오듯이,
어느새 이러한 '고독'을 누리는 것도
또 하나의 선택이 되었다는 생각이 들었
습니다.

여러분은 '지금' 어떤 자리에서
이 책을 읽고 있나요?

지금, 어떤 자리에서
이 책을 읽고 있나요?

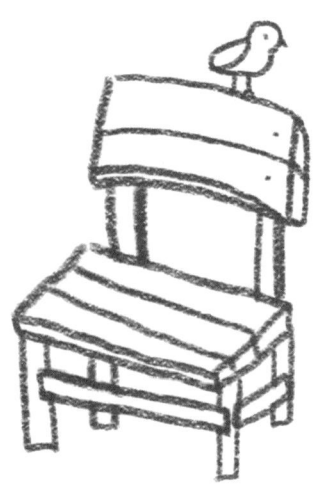

밤

밤이 되면
많은 생각이 떠오른다.

밤에 쓴 글은
밤에 읽을 때가 가장 좋다.

여름 밤 산책

뜨거운 한낮을 지나
서늘한 밤이 되어서야
조금 걸어 볼 생각이 들었다.

문밖으로 나서자마자
다가오는 옅은 바람에는
아직도 더운 공기가 남아있었다.

너무 멀리까지는 가지 말자 생각하며
평소보다 천천히 걸었다.

밤하늘, 어둠 속에 숨은 구름도
느릿느릿 흘러갔다.

느리고 짧게
집을 떠났다가 돌아왔다.

차가운 물 한 잔을 마시며
나갔다 오기를 잘했다고 생각했다.

열대야

곧바로 잠들지 못해 다시 일어난 밤
뜨거운 차 한 잔,
여전히 읽다 만 책을 가지고
책상으로 다시 돌아온다.
잠들지 못한 밤이 이어지면
이런 밤이 당연한 것처럼 여겨진다.

책을 덮고, 깨끗이 비운 찻잔을
싱크대 개수대 위에 올려두고
다시 침대 위로 돌아간다.

눈을 감아도 귀는 닫을 수 없다.

선풍기 돌아가는 소리가 들린다.
윗집 아이가 우는소리,
멀리서 차 달리는 소리도.
서서히 소리가 잦아든다.
오늘도 조금 느리게 잠 속으로 입장한다.

안녕. 오늘.
그리도 또 안녕. 새로운 오늘.

매일 같고, 다른 밤

매일 밤, 잠자리에 들기 전에
다이어리의 새로운 페이지를 넘겨
오늘 일어난 일을 쓴다.

특별한 사건이 없어도 쓸 것은 있다.
어제와 같은 일을 반복했더라도
어제와 같은 메뉴로 식사했더라도
오늘은 또 달랐다.

내일 할 일의 목록도 써둔다.
예전에는 하고 싶은 일이 많았고,
해야 할 일도 많아서
지키지 못한 일이 많았다.
지금은 내일 할 수 있는
한두 개의 일에 대해서만 쓴다.

오늘 밤에 쓴 내일의 목록은
다가 올 오늘의 일기가 될 것이다.

조금 달라지더라도 무언가 끼어들더라도
밤은 다시 찾아올 것이다.

[밤] 편 읽는 라디오

일기는 혼자만의 사적인 기록이기에
외부의 간섭이나 강제성 없이 꾸준히
쓰는 것은 어떤 의미일까,
종종 생각하게 됩니다.

《유리의 종 밑에서》,《불의 사다리》,
등을 쓴 작가 아나이스 닌은 '일기는
우리가 완벽해지려고 걱정하지
않는 장소'라고 했는데요.

하루를 정리하며 아무런 제약 없이
일기 쓰기는 그 행위만으로도 하루 종일
많은 것을 신경 쓰고, 잘 해내기 위해
애쓰고, 불필요한 생각으로 복잡했던
나 자신을 비워내고 다시 시작할 수
있는 힘이 되어줄 거예요.

조금 달라지더라도
무언가 끼어들더라도
밤은 다시 찾아올 것이다.

봄

봄이 되면
기분이 좋아진다.

포근한 바람,
따뜻한 햇살,
가벼운 옷차림,

아직 새것에 가까운
다이어리에는
무엇이든 쓸 수
있을 것 같다.

옷장 정리

옷장을 열어 남아있던 어중간한 두께의
스웨터와 겨울옷을 모두 꺼냈다.

상자 속의 옷을 모두 꺼내고
여분의 겨울옷으로 다시 채워 넣었다.

남겨둔 겨울은 다시 상자 속으로
봄과 여름은 이제 옷장 속으로.

옷장 안이 밝아졌다.
기분도 밝아졌다.

아이스크림 가게

따뜻해진 날씨를 핑계로
아이스크림을 먹으러 갔다.

횡단보도 앞에 있는
작은 아이스크림 가게.

겨우내 손님이 없던 가게 안이
다시 사람들로 북적댄다.

딸기맛 아이스크림을 골라
작은 테이블 앞에 앉았다.

옆 테이블 아래, 검은 개 한 마리가
따분한 듯 꼬리를 흔들고 있다.

모르는 개와 시선을 주고받으며
아이스크림을 먹는다.

우리 모두 아무 생각 없음.
이 상태가 좋다.

유리병 속의 봄

봄이 되면 엄마는
늘 매실청을 담으셨다.

장조림에도, 나물에도
매실 향이 났다.

배가 아프거나 소화가 되지 않을 때도
뜨거운 물에 매실청을 넣어
매실차를 만들어 마셨다.

봄부터 일 년 내내
냉장고 속에 있던 든든한
매실청 한 병.

유리병 속에
가장 따뜻한 봄이 농축되어 있었다.

[봄] 편 읽는 라디오

'봄' 챕터에 실린 <유리병 속의 봄>을
쓰면서 지난날의 포근한 봄 풍경이
떠올랐습니다.

봄마다 커다란 대야 가득 담겨 있던 푸른
매실들, 베란다에서 정성스럽게 매실청을
담그시던 어머니의 모습이 그려졌습니다.
그때는 배가 아프거나 속이 더부룩할 때
면 "이거 마시면 괜찮아진다"며 내어주시
던 따뜻한 매실차 한 잔에 신기하게도
아팠던 배가 스르르 나아지곤 했는데요.

이처럼 별다를 것 없는 사소한 기억도
새로운 봄을 맞을 때마다 소중하게 되살
아나는 것을 보며, 우리가 살아가는
이유가 꼭 거창한 것이어야만 하는 것은
아니라는 생각이 들었습니다.

유리병 속에
가장 따뜻한 봄이
농축되어 있었다.

꽃

길가에 핀 들꽃은
작지만 강인하다.

함부로 꺾이지 않겠다는
의지가 엿보인다.

꽃

부모님께 안부 전화를 드렸다.

'봄인데 꽃놀이는 안 하니?' 하신다.

꽃은 거기에 가만있는데
보는 것만으로도 놀이가 된다.

며칠 사이 숨어있던 꽃들이
지천에 피었다.

마른 가지에서 꽃잎이 돋아나고
나비가 날아든다.

사람도 모인다.
세상의 모든 꽃은 조용하고 강하다.

튤립

어느 봄,
꽃 시장에서 붉은색 튤립 한 단을 샀다.

수많은 프리지어와 장미 사이에서
드물게 보는 튤립이라 더 반가웠다.

꽃대가 굵은 튤립은
한 송이만 꽂아 놓아도 충분하지만
한 단의 튤립이 있기에
꽃병 가득 꽂아두었다.

사흘 정도 지나자 오므리고 있던 꽃잎이
천천히 기지개를 켰다.

그저 이기적인 마음으로,
조금만 더 버텨주길 바랄 뿐이었다.

개나리

마른 가지에 조금씩
노란 개나리 꽃망울이 돋아나고 있다.

지나가던 어른들이, 아이들이,
개나리를 본다.

벚꽃의 화사함과 매화의 기품도
개나리의 순발력은 이기지 못한다.

먼 길로 돌아온 보람이 있다.
개나리 덕분에.

[꽃] 편 읽는 라디오

봄이 되면 평소 사지 않던 꽃을 사 들고 돌아올 때가 있습니다. 꽃을 볼 수 있는 날은 길어야 열흘 남짓이어서 다음에는 사지 말아야겠다고 다짐하면서도 노란 프리지어로 가득한 꽃집 앞을 지날 때면 다시 발걸음을 멈추게 되지요.

평소 꽃은 누군가 축하할 때나 위로를 보내고 싶을 때 선물하려고 사는 경우가 많았는데요.

스스로 꽃을 주고 싶었던 순간은 언제였을까? 생각해보니 마음의 빈 곳을 채우고 싶었던 때였다는 생각이 들었습니다.

여러분은 올봄, 어떤 꽃을
마음의 화단에 심으셨는지요.

나 자신에게
꽃을 사주고 싶은
순간이 있었나요?

계절

계절이 변해가는 것을
잊지 않고 살아가고 싶다.

봄 냄새와 여름 밤공기,
가을바람과 겨울 새벽의 차가움-

계절의 변화가
알려주는 것은
지금 나 살아있음.

환절기

아침에 일어나니
평소보다 머리가 무겁다.

날씨가 조금 따뜻해졌다는 핑계로
무방비해진 탓이다.

전기 주전자에 물을 끓여
따뜻한 차를 내린다.

환경이 바뀔 때는
가볍게 앓는 것이 도움 될 때도 있지.

애써 긍정적인 생각을 하며,
오랫동안 우린 차를 마셨다.

정전기

입고 있던 니트를 벗었더니
지지직-
정전기가 일어난다.

목까지 올라오는 폴라 티셔츠를
입은 날에는 여지없다.

늘 옷을 먼저 입어야지 했다가도
입은 후에 '아차!' 하고
다시 한번 흐트러진 머리를 정돈한다.

학창 시절,
친구와 책받침에 머리카락을 문질러
얼마나 붙나,
장난치던 것이 생각난다.

정전기의 조건은 마찰이다.
이번 겨울은 정전기가 유독 심했다.

이제 이 계절도
거의 저물어가는 것 같다.

이불을 갈아야 할까

길을 걷다가 새순이 돋아나고 있는
목련 나무를 보았다.

어젯밤,
갑자기 이불이 무겁게 느껴졌다.

엊그제까지만 해도
몸을 녹일 듯 포근한 이불 속이었다.

그렇다고 오늘 바로
'이불을 갈아야지'라는 생각은
하지 않는다.

그저 마음만 봄을 따라간다.

[계절] 편 읽는 라디오

계절이 바뀌는 시기, 환절기에는 감기에 걸린다거나, 평소보다 컨디션이 나빠지기 쉬운데요.

한번 앓고 나면 새 계절은 더 활기차게 지낼 수 있을 거로 생각하니 도움이 되기도 하더라고요.

이럴 때일수록 옷차림 단단히 하시고, 자기 전, 따뜻한 차 한 잔의 시간을 가져보면 어떨까요.

오늘 바로
'이불을 갈아야지'라는
생각은 하지 않는다.
그저 마음만 봄을 따라간다.

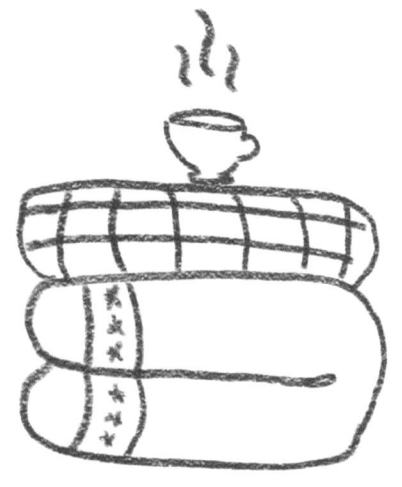

여름

여름이 되면
많은 것이 빨리 간다.

선풍기 날개
휴가지로 향하는 기차
여름 방학 기간
매미의 시간....

장마전야

버스에서 한 정거장 먼저 내렸다.
붉은 장미가 아직 남아있는
길가를 따라 조금 걷고 싶었다.

하늘을 올려다보니
구름은 곧 비를 뿌릴 듯 흠뻑 젖어있다.

이제 곧 장마가 오겠지.

우산을 챙겨 밖으로 나서는 것을
지겨워하는 때도 오겠지.

그런 생각을 하면서도
사실 기다리고 있는 건지도 모른다.

후드득-
이대로 비가 쏟아지기를.

빙수

뜨거운 태양 아래
거리를 걷다 지칠 때 즈음
작은 빙수 가게를 보았다.

삐이걱-
나무로 된 문을 열고 들어서니
시원한 공기가 곧바로 땀을 말려주었다.

커다란 그릇이 앞에 놓였다.
수북이 쌓인 빙산이 점점 작아진다.

그릇을 깨끗이 비우자
입안은 얼얼하고 몸은 으스스 떨렸다.

언제 그랬냐는 듯
다시 밖으로 나가 걷고 싶어졌다.

금방 지금이 아쉬울 것을 알면서도.

선풍기

조금만 더 버텨볼까 하고,
창문을 열어 보지만
미지근한 바람만 들어온다.

베란다 구석에서 쉬고 있던
선풍기를 방 안으로 가지고 들어왔다.

덮어 두었던 커버를 벗기고
먼지 쌓인 본체와 날개도 깨끗이 닦았다.

미풍, 약풍, 강풍.
고민하다 우선은 미풍 버튼을 누른다.

그동안 멈춰있던 여름이
다시 돌아가기 시작한다.

선풍기의 휴가가 끝났다.

[여름] 편 읽는 라디오

찌는 듯한 한여름엔 에어컨 바람을 찾게 되지만, 초여름 더위에는 선풍기의 선선한 바람도 제법 좋습니다. 몇 해째 고장 한번 없이 여러 계절을 보낸 낡은 선풍기를 바라보다 문득 오래전 여름 풍경이 떠올랐습니다.

선풍기 앞에서 '와-' 소리를 내보거나, 대나무 자리 위에 누워 있다가 피부 위에 남은 자국을 만져보던 어린 시절.
지금보다 젊었던 부모님, 함께 지내던 형제자매, 이제는 볼 수 없는 조부모님 모습이 떠오르며 새삼 그리워졌는데요.

매년 새로운 여름, 올해는 어떤 풍경을 기억하게 될지 기대해 봅니다.

그동안 멈춰있던 여름이
다시 돌아가기 시작한다.
선풍기의 휴가가 끝났다.

비

예전에는
비 오는 날 아침이 싫었다.

늘 고장 나는 우산도 귀찮고
교복으로 튀는 빗물도 귀찮았다.

어느덧 비 오는 날의 운치를
내심 즐기는 나이가 되었다.

비닐 우산

갑자기 비가 쏟아져서
근처 편의점에 갔다.

구석에 놓인 우산꽂이에서
가장 만만한 비닐우산을 골랐다.

예전에 지하철 앞에서도 사고,
가판대에서도 샀던 것 같은데
다 어디로 갔을까.

쉽게 구해서 쉽게 잃어버린 것은 아닐까.
오늘의 고마움을 기억하자.

비가 그치면

카페로 들어서자마자 비가 쏟아졌다.

커피를 주문하고 창가 자리에 앉았다.
묵직한 커피 향이
펼친 책 위로 내려앉았다.

창밖에는 계속 비가 내리고 있다.

책을 덮었다.

아까 왜 여기 들어왔었나 생각했다.

비를 피하려고 했다.
그저 비가 그칠 때까지 머무르려고.

비가 그치면
어디로든 갈 것이다.
무엇이든 다시 해 볼 것이다.

2단 우산

크기가 작은 3단 우산은
평소에도 부담 없이 접어
가방 속에 넣어 다닐 수 있지만
길이가 긴 1단 우산은
비가 그치면 짐이 되기 마련이다.

대신 거친 비바람이 불어오는 날은
튼튼한 1단 우산을 쓴다.

문득 2단 우산에 대해 언급하지 못해서
미안한 마음이 든다.

이 모든 장점이 있어도
어중간하면 언급되지도 못하는 것은
사람이나 우산이나 비슷한 걸까.

어쩐지 욱하는 마음에
이 글의 제목은
2단 우산으로 정했다.

[비] 편 읽는 라디오

장마철엔 가볍고 가방에 쏙 들어가는
3단 우산을 자주 챙기게 됩니다.
하지만 비바람이 거셀 땐,
크고 튼튼한 1단 우산만 한 것이 없지요.

어느 날, 우산꽂이에 조용히 꽂혀 있던
2단 우산이 눈에 들어왔습니다.

1단보단 가볍고,
3단보단 조금 더 튼튼한.

생각해 보니 저는 늘 다른 우산이
없을 때만 이 우산을 꺼냈더라고요.
문득 단체생활에서 그리 존재감 없던
자신이 생각났습니다.

다시 비 내리는 날에는 2단 우산을
가지고 외출해 보려고요.

비가 그치면
어디로든 다시 갈 것이다.
무엇이든 다시 해 볼 것이다.

가을

나는 가을에 태어났다.
그래서인지
가을이 되면
모든 것이 잘 될 것 같은
예감이 들지만,
늘 그렇지는 않았다.

그래도 가을은
언제나 기다려지는 계절-

첫 낙엽

뜨거운 커피를 주문했다.
카페 야외 테라스에 앉았다.

테이블 위로
붉은 나뭇잎 하나가 떨어졌다.

여름 내내 버티었던 나뭇잎이
기어이 떨어진 것이다.

나는 그것을 차마 버리지 못하고
가지고 있던 책 사이에 끼워두었다.

이번 가을
내가 만난 첫 낙엽.

홍차 한 잔

집으로 돌아오자마자
뜨거운 물을 끓여
작은 티백 하나를 넣었다.

몇 분간, 짧은 시간 동안
투명한 유리 주전자가 붉게 물들었다.

따뜻하게 덥힌 유리잔에
홍차를 따라 마신다.
몸속에 따스함이 스며든다.

오늘 하루 있던 모든 일은
이 순간을 위해서 일어난 것이 아닐까.

할 일을 마친 티백이 남아있는
빈 주전자에 다시 뜨거운 물을 부었다.

아까보다는 조금 옅은 차를 마시겠지.
그것도 나쁘지는 않을 것 같다.

떨어진 밤송이

나무 아래 떨어진 밤송이 하나.
뾰족뾰족한 껍질이 저절로 벌어져 있다.

그 속에 부드러운 밤이 여러 개.

줍지 않았다.

되도록 아무도 줍지 않았으면 했다.

누구의 눈에도 띄지 않았으면 했다.

[가을] 편 읽는 라디오

날씨가 쌀쌀해질 때면 저는 가끔 홍차에
우유를 넣은 밀크티를 마시는데요.
홍차가 진하게 우러난 밀크티에 작은
각설탕 하나를 넣어 마시면 마음마저
부드럽고 달콤해지는 기분이 듭니다.

이렇게 계절이 바뀌면 마시는 것,
먹는 것, 입는 것은 물론 기분까지
조금씩 변하게 되는데요.

계절의 변화에 민감해진다는 것은
자신의 변화에 민감해진다는 것.

참 반가운 일이라는
생각이 들었습니다.

계절의 변화에
민감해진다는 것은
스스로 변화에
민감해진다는 것.

겨울

어느 겨울 아침,
창 틈으로 살짝
새어 들어온 햇볕을 보고
눈물이 날 것 같았다.

모든 것이 어둡고
차가웠던 때에도
아주 조금의 빛은 남아있었다.

눈 오는 소리

아침에 일어나 창문을 열어보니
눈이 쌓여있다.

"눈 오는 소리도 못 들었네."
옆에서 하는 말에
고개를 끄덕이다가 문득 궁금해졌다.

언제 눈 오는 소리를 들은 적이 있었나?

대체로 비는 '주룩주룩' 또는 '쏴' 오고,
눈은 '펄펄' 혹은 '펑펑' 내리고
'소복소복' 쌓인다고 표현했던 것 같다.

'주룩주룩'과 '쏴'는 소리로 느껴지고,
'펄펄'과 '펑펑', '소복소복'은
모습으로 느껴진다.

결국, 눈은 소리 없이 내리는 것일까.

그런데 갑자기 왜 이런 생각을
하고 있는 걸까.

눈이 그친 후에

눈이 그쳐서 산책하러 나갔더니
건물 앞쪽 길이 꽁꽁 얼어 있었다.

하루 동안 내린 눈이
완전히 얼어서 빙판길이 된 것이다.

다음 날, 다시 나가봤더니
길 위에 있던 눈이 모두 사라져있었다.

날씨가 좋아지긴 했지만
한 순간에 모두 녹았을 리는 없다.
밤새 고마운 분들이 치워주신 것이리라.

눈이 녹아 질펀한 땅도
햇볕에 조금씩 말라가고 있다.

길을 걷다 보니 골목 구석에서
먹이를 먹고 있는 고양이가 보인다.

눈이 그쳐서일까.
감사한 일이 많아진다.

겨울 딸기

예전에 시장에서 딸기 한 팩을 샀다.

사정이 어려웠던 내게
평소의 반값인 딸기는 행운이었다.

집에 와서 상자를 열어보니
딸기 아래가 온통 물러있었다.

그때의 내가 꼭 그 딸기 같았다.

하지만 무른 딸기로는
딸기잼을 만들 수 있다.

딸기잼은 생각보다
오래 보관할 수 있다.

[겨울] 편 읽는 라디오

자취 시절, 딸기는 비싸서 선뜻 사지 못하는 과일 중의 하나이기도 했습니다. 어느 날, 겨울 막바지에 싸게 내놓은 딸기 한 상자를 샀습니다. 절반이 무른 딸기여서 싸게 내놓았다는 사실은 상자를 열어본 후에야 알았습니다. 고민하다가 딸기를 냄비에 모두 넣고 긴 시간을 졸여서 딸기잼을 만들었는데요. 그렇게 만든 딸기잼이 긴 위로가 되었습니다.

살다 보면 누구에게나 힘든 시간이 있습니다. 무른 딸기로 만든 잼 한 병이 제게 준 것은 그런 시간도 지나가고 나면 달콤한 무언가가 찾아올 수도 있을 거란 희망이었습니다. 이제 딸기 한 상자를 사는 것이 부담스럽지는 않지만, 다시 힘든 순간이 찾아오면 그때의 무른 딸기와 딸기잼을 생각해 보려고요.

무른 딸기로는
딸기잼을 만들 수 있다.
딸기잼은 생각보다
오래 보관할 수 있다.

지나간다

모든 것은 지나간다.

이 책을
만들고 있는 시간도-

당신이 이 책을
읽고 있는 시간도-

2월

다시 한 달이 시작됐다.

2월은 1월보다 춥고, 바쁘고, 빨리 간다.

다이어리를 다 채우기도 전에
지나가 버린다.

그러니 오늘도 움직이자.

다시 한 달이 지나가기 전에.

손톱

얼마 전에 깎은 것 같은데
어느새 금방 자랐다.

키보드 자판을 칠 때
손톱이 걸리적거리는 느낌이 나면
손톱을 깎을 시기다.

예전에는 손톱을 길게 길러도 보았는데
결국 나다운 손이라고 생각되는 것은
짧고 단정한 손톱이었다.

일요일 오후에 손톱을 깎는다.

또 각 또 각

지난 일주일이 깎이고
새로운 일주일이 다가온다.

오후의 색

점점 해가 길어지고 있다.
해가 길어지면 오후도 길어진다.

길어진 오후만큼
누릴 수 있는 시간도 더 길어진다.

이럴 때 뭔가 시작하면 좋을 것 같아
짐을 챙겨 밖으로 나왔다.

따뜻한 차를 마시고
책을 한참이나 읽은 후에도
창밖은 여전히 물들어 있다.

조용한 밤도 좋지만,
이런 오후는 찰나여서 더욱 아름답다.

[지나간다] 편 읽는 라디오

오늘도 우리 집 창밖으로는 기차가
지나가고, 산책 중인 골목으로는 먹이를
구하는 고양이가 지나가고, 주인과 함께
산책하는 개와 매서운 바람이 어깨를
스쳐 지나갔는데요.

어쩌면 지나가는 것은
멀어지거나 스쳐 가는 것,
또는 사라지는 것과 같은 의미를
담고 있는 것은 아닐까요.

지나가는 것들을
스치지 않고 바라보기

쓰다

요즘은 말하기가
점점 어려워진다.

쓴 글은 지우거나 고칠 수 있지만
뱉은 말을 지우거나 고치기는
힘들기 때문이다.

그렇다고 아무렇게나 쓸 수도 없다.
인쇄된 글은 말과 같아서
돌이킬 수 없으니까.

요즘은 어떻게 살아야 할지
모르겠다는 생각이 든다.

쓰다 보면 알 수 있을까.

청개구리

마음이 참 청개구리 같다.

매일 쓰겠다는 약속을 지키기 버거워
시간을 두고 천천히 쓰자고 다짐했더니,
오히려 쓰고 싶은 글감이 많아진다.

굳이 하려고 하지 않는 데서
무언가 시작되는 것은 아닐까,
생각 드는 밤.

다이어리

새로 산 다이어리를
새해부터 하루도 빠지지 않고 쓰고 있다.

색칠 공부하듯 하루하루
기록이 채워질 때 보람을 느낀다.

아무도 보지 않을 글을
가장 열심히 쓰고 있다.
아무도 보지 않아서
더 즐겁게 쓸 수 있다.

오늘도 오늘의 다이어리를 쓰기 위해
더 부지런히 움직인다.

기준

처음 인터넷에 글을 공개하기 시작했을
때는 솔직한 일상을 자유롭게 쓰겠다고
생각했다.

하지만 회차가 거듭될수록 점점 '인기'를
얻고 싶다는 묘한 마음이 싹텄다.
그럴수록 본연의 글을 쓰는 일은
점점 힘들어졌다. 친구와의 편안한 대화
보다 청중 앞의 발표가 힘든 것처럼
점점 스스로 기준을 만들게 됐다.

엊그제 책을 읽는 데 '기준을 낮추고 계
속 쓰라'라는 글귀가 문득 내 앞에 나타
났다. 아마도 그 문장이 지금, 이 시점에
보인 것은 찾고 있거나, 듣고 싶었던 말
이기 때문인지도 모른다. 마음을 비우고
하고 싶은 말을 하는 데서 다시 시작해야
겠다고 다짐했다.

<u>스스로 속이고 있다면</u>
이 모든 글은 아무 소용 없다.

[쓰다] 편 읽는 라디오

우리 마음은 때때로 청개구리처럼
진짜 마음과 반대 방향으로 생각하려는
성질이 있는 것 같아요.

그럴 때마다 그런 마음을 역으로 사용해
보면 어떨까 하는 생각이 들었는데요.

만약 좋아하는 일임에도 불구하고
진도가 나가지 않는 일이 있다면,
'이 일을 당장 그만둬도 괜찮아,'
하고 거꾸로 생각해 보면 어떨까요.

그러면 마음속에서 '정말 괜찮아? 한 번
더 생각해 봐.' 하고 다시 반대로 생각해
볼 수 있는 힌트를 줄지도 모르니까요.

마음을 비우고
하고 싶은 말을 하는 데서
다시 시작 하기

기록

일기를 열심히
쓰던 때가 있었다.

노트 한 권에
무엇이든 남겨두었다.

영화표, 기차표, 스티커 사진,
말린 낙엽, 영수증까지....

그 의미를 모두 기억할 수는 없지만
기록하는 순간만큼은
행복했을 거라고 믿고 싶다.

새로 산 수첩

내게는 아직 쓰지 않은
여러 권의 수첩이 있다.
대부분 내 손바닥을 기준으로
조금 작거나 큰 것들이다.

가방과 주머니 속에 수첩 한 권과
펜 한 자루만 있으면
언제나 무엇이든 쓸 수 있고,
그릴 수 있다.

얼마 전 새로 산 수첩의 앞 장에는
해당 수첩의 가치를
쓰는 칸이 있었다.

거기에 언젠가 출간하게 될
책의 제목과 소개 글을 적어두었다.

그것만으로도
많은 것이 시작되고 있음을
알 수 있었다.

몸의 기록

처음 스스로 디디고 선
부드러운 발바닥의 기록

수많은 계단을 오르내린
삐걱대는 무릎의 기록

가족의 미래를 짊어지고
굽어진 허리의 기록

매일 반복되는 작업으로
굳어진 손 마디마디의 기록

걱정 많은 머리를 지탱하느라
오늘도 뻣뻣해진 어깨의 기록

사람들의 몸에는
저마다의 기록이 남아있다.
가장 정직하고 아름다운 기록.

누군가의 책이었던 책

헌책방에 들렀다가
그림책 원서 한 권을 샀다.

문장이 모두 영어여서 선뜻 볼 엄두가
나지 않았는데 책 표지에 종이 한 장이
붙어있는 것이 보였다. 누군가 내용 전체
를 한글 번역하여 프린트한 것이었다.

이 책의 주인이었겠지.
이 책을 참 좋아했나 봐.
이 책을 내놓으며 이 책을 사게 될
누군가에게 편지 쓰듯
이것을 붙여둔 걸 거야.

책방 아저씨는 아직 못 보셨거나
이것을 이 책의 가치로 남겨두고
싶으셨던 걸지도 몰라.

이런저런 생각을 하며 어쩌다 내게로 온,
누군가의 책이었던 책을 읽기 시작했다.

[기록] 편 읽는 라디오

인터넷 사전에 의하면, 수첩은 '몸에
지니고 다니며 아무 때나 간단한 기록을
하는 조그마한 공책'을 뜻하는데요.

한자로 풀어보면 손 '수(手)' 자에 문서
'첩(帖)' 자를 더한 것으로 '손에 쥐고
다니는 문서'로서 기능하는 것이 수첩이
라고도 볼 수 있을 겁니다.

어떤 용도로든 한 권의 수첩,
노트를 가지고 있다는 것,
기록할 수 있는 도구를 가진다는 것은
'기록하는 삶을 살고 있다'라는 의미와도
같다고 생각하게 됩니다.

스치기 쉬운 일상 한 조각,
잘 기록하고 있나요?

사람들의 몸에는
저마다의 기록이 남아있다.
가장 정직하고 아름다운 기록.

습관

내게는 나쁜 습관이 많다.

피날 때까지 입술 물어뜯기,
머리 감고 머리 덜 말리기,
일하다가 스마트폰 보기,
먹고 곧바로 소파에 앉아 쉬기....

내게는 좋은 습관도 많다.

쓴 물건 제자리에 두기,
작업한 파일 곧바로 백업하기,
기억할 것은 기록해 두기....

지워야 할 것

쓰고 있던 원고의 접속사를
모두 지워보았다.

그리고, 그러나, 그렇다고,
그렇지만, 하지만....

다 지우면 문장이 이어지지
않을 것 같았는데, 더 명확해진다.

내가 지워야 할 것은 또 무엇이 있을까.

좀 더 간결한 문장을 쓰는
사람이 되고 싶다는 생각이 들었다.

새벽형 인간

여러 작가의 습관이 담긴 책을 읽었다.
작가들은 다양한 작품처럼 저마다의
방식이 있었지만 비슷한 점도 있었다.
대부분 일찍 자고, 아주 일찍 일어나
작업한다는 것이었다. 나도 당장 새벽형
인간에 도전해 보기로 했다.

일요일 아침, 평소보다 3시간 일찍
알람을 맞춰두고 일어났다.
일어나는 것만으로는 힘들지 않았다.
하지만 겨우 1시간 정도 지나자 점점
눈꺼풀이 내려오더니 'o' 버튼을 누른 채
그대로 졸고 있었다.

ooooooooooooo
그것은 마치 또 다른 내가 입을 벌리고
으아아아악! 하고, 외치고 있는
모습으로 보였다.

좀 더 힘을 내야겠다.
오늘은 첫날이니까.

행복의 목록

예전에는 일기장이나 노트에 갖고 싶은
것의 목록을 써두는 습관이 있었다.

사고 싶은 옷, 읽고 싶은 책,
가고 싶은 여행지, 먹고 싶은 음식.

목록을 보고 있으면
이상하게 가슴이 뛰었다.

목록을 쓰는 것만으로도 즐거웠지만,
소소하게 이룬 일도 생각보다 많았다.

요즘은 목록을 쓰지 않는다.
어느 순간부터 쓰고 싶은 목록이
떠오르지 않았다.
매일 아침 글을 쓰기 시작하면서,
다시 목록을 쓰고 있다.
다음 날 쓸 단어의 목록이다.

문득 쓸 수 있는 목록이 많은 사람은
행복할 거라는 생각이 들었다.

[습관] 편 읽는 라디오

날씨가 추워질수록 매일 운동하기, 아침
일찍 일어나기 같은 나와의 약속에
게으름을 부리고 싶어집니다.

하나의 습관이 몸에 배려면 평균 66일
정도의 시간 동안 매일 지속해야 한다는
연구 결과도 있다는데요.

여러분은 이렇게 꾸준히 지속하고
싶은 일이 있나요?

저 같은 경우, 새벽형 인간은 아무래도
무리인 것 같아서 원래 기상 시간에서
1시간 정도만 알람을 빨리 맞춰두고
일어나는 계획을 세워보았는데요.
이렇게 작은 목표부터 성취하다 보면
어느 날은 두 시간 일찍, 컨디션이 좋은
날은 더 일찍 일어나는 날도 있겠지요.

여러분은 꾸준히

지속하고 싶은 일이 있나요?

건강

건강에 전혀 신경 쓰지 않고
지내던 20대는 스스로에게
가혹했던 시절이었다.

어느 날, 내 몸이 많이
화가 난 것 같다고 느꼈다.

조금씩 소홀했던 몸과 화해 중이다.

시력

요즘 들어 자주 시야가 흐려진다.
눈앞에 마치 투명한 비닐 같은 것이
한 겹 더 덮인 느낌이다.

전에는 멀리에 있는 작은 글씨도
자신 있게 읽었는데, 이제는 형태로
추측할 뿐, 정확히 보기는 쉽지 않다.

생각해보니 내 눈은
그동안 아무런 보상도 받지 못했다.

이미 나빠진 시력을 되돌리기에는
늦은 것 같아 친구에게 말했더니
'익숙해지면 괜찮을 것'이라 한다.

결국에는 나아지기보다
익숙해지는 쪽이 더 쉬운 걸까.

여태 내게 익숙해진 것이 얼마나 되는지
잠시 생각해보았다.

재채기

고질병인 비염을 앓고 있는 나는
재채기가 시작되면 멈추지 못한다.
특히 계절이 바뀔 때가 되면
증상은 더욱 심각해진다.

이런 날 외출하면 종일 언제 터질지
예상할 수 없는 시한폭탄을 안고
다니는 기분이다.

따뜻한 집에 얼른 들어가서
쉬고 싶다는 생각이 간절해지지만
이런 날은 꼭 신경 쓰이는 일이 많다.

어쩌면 재채기는 근심과 걱정을 안고
찾아오는 것이 아닐까?

에취! 털어버리자.

다이어트

오늘 저녁은 간단히 때우자고
생각한 날은 꼭 약속이 생긴다.

밥은 반 그릇만 먹어야지, 하고
생각한 날은 꼭 반찬이 맛있다.

한번 뜯은 과자는 인내심이 없으므로
눅눅해지기 전에 먹어둔다.

'밥 먹고 운동해야지' 하면 잠이 온다.
'밥 먹고 산책해야지' 하면 눈, 비가 온다.

'올해는 이 바지 꼭 입고 말 거야' 하면
그 바지는 안 입게 된다.

'실내 운동이라도 해보자' 하고
마음먹으면 미뤄둔 일을 하고 싶다.
인터넷에서 다이어트 관련 정보가
보이면 한 번쯤 따라 해 본다.

뭐든 생각만으로는 잘되지 않는다.

[건강] 편 읽는 라디오

새해가 되면 평소 엄두 내지 않았던
운동 센터에 가입하거나 식생활을
개선하는 등, 다양한 계획을 세우게
되는데요. 올해는 꼭 계획한 대로
성공할 수 있으면 좋겠습니다.

이렇게 새로운 다짐을 하게 되는 것도
새해가 주는 선물이라고 볼 수 있는데요.

물론 달력 한 장이 바뀌었다고
모든 것이 다 깨끗이 정리되거나
사라져 버리는 것은 아니지만 여전히
새로운 다이어리에 날짜와 계획을 쓰는
순간만큼은 희망을 품게 됩니다.

익숙해진 일이
얼마나 되는 지에 대해
잠시 생각해보았다.

운동

운동을 할 때면
내가 괜찮은 인생을
살고 있는 것 같은 생각이 든다.

여전히 몸은 뻣뻣하고
금방 지치기는 하지만
이렇게 움직일 수 있으니
어떻게든 살아갈 것이다.

아침체조

매일 아침,
영상을 따라 체조를 한다.

'체조 시이자악!'

근엄한 성우 아저씨의 호령에 따라
조건 반사로 몸이 움직이기 시작한다.

체조 음악은 2번 반복된다.

첫 번째 음악이 나올 때
몸이 기억하는 순서대로 따라 한다.

두 번째 음악이 나올 때
내 멋대로 춤을 춘다.

오늘 하루도 어김없이 시작됐다.

계단 오르기

운동량이 부족한 탓인지
요즘 들어 자주 무기력해지는 것 같아서
밖에 나갔다가 돌아올 때만큼은
계단으로 올라오기로 했다.

그래 봤자 5층인데 뭐, 하는 생각은
계단 오르기를 하며 사라졌다.

집에 돌아와 TV를 보는데 마침 계단
오르기에 대한 방송을 하고 있었다.

TV 속 의사 선생님은
63 빌딩을 오르는 정도로 수많은 계단을
매일 오르고 있다고 하셨다.

TV에는 완벽한 사람들이
너무 많이 나온다.

수면 위로

초등학교 때, 수영을 처음 배웠다.
수많은 발차기 연습 후에도
몸에 힘을 빼지 않으면 소용이 없었다.

친구들이 하나둘, 있던 자리에서 앞으로
나아갈 때 혼자 다리에 쥐가 나서 허우적
대다가 결국 물 밖으로 나와야만 했다.
너무 부끄러워 온종일 울었다.

다음 날, 조금 더 일찍 수영장에
도착했다. 아무도 없는 물속에 들어갔다.
허우적대는 것은 해봤기 때문에
자신 있었다. 앞에 떠 있는 킥판에
다가갈수록 수심이 깊어진다는 사실은
몰랐다. 가까스로 킥판을 잡았다.
둥실- 몸이 떠올랐다.

시간이 흘러도 몸은 기억한다.

막막한 순간에 물 위에 떠 있는 상상을
하는 것은 아마도 그 때문인지 모른다.

[운동] 편 읽는 라디오

어린 시절, 운동신경이 좋지 않았던
저는 어머니의 권유로 수영을 배우면서
고민이 많았는데요.

시간이 지나 생각해 보니 '물'이라는 대상에 공포를 느꼈다기보다, 앞서 나가는 친구들처럼 '나는 영원히 물 위에 뜰 수 없는 것은 아닐까?'라는 생각 때문에
더 두려움을 느꼈던 것 같아요.

시간이 흘러 스스로 수영을 배우러 가게 되었는데요. 물론 여전히 앞으로 나가는 것이 쉽지만은 않았지만, 처음 물 위에 뜬 그 첫 기억 때문인지 계속하면
될 것이라는 막연한 희망이 들더라고요.
실제로 마음을 조금 편안하게 먹으니,
자유형, 배영도 해낼 수 있었습니다.

시간이 흘러도
몸은 기억한다.

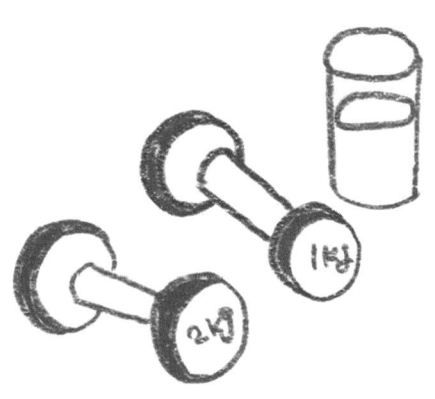

만들다

작고 가벼운 책을
만들고 싶었다.

누구나 집어 들 수 있는
친근하고 만만한 책을
만들고 싶었다.

읽고 나서 책장에 꽂아두어도
자리를 많이 차지하지 않는 책을
만들고 싶었다.

이면지 노트

그동안 쌓여있던 이면지를
정리해 버리려다가
손바닥만 한 크기로 잘라
여러 장씩 묶었더니
작은 수첩 여러 권이 되었다.

한쪽 면밖에 쓰지 못하지만
스치는 생각을 적거나 그리기에는
전혀 부족함이 없다.

다시 보니, 버려진 글과 종이의 이면은
새로운 여백이었다.

모래로 만든 집

사람들이 머물다 간
바닷가에 모래로 만든 집이 남아있다.

파도가 조금씩 모래집 앞으로 다가온다.

모래집은 파도가 한 번씩
다가올 때마다 조금씩 무너진다.

그리고 완전히 파도에 쓸려
바다로 사라졌다.

저 바닷속에는 얼마나 많은
모래집이 들어있을까.

어쨌거나
누군가가 정성스레 만든 모래집도
이번 여름도

모두 지나갔다.

작은 시작

계절이 바뀌면
새로운 목표를 만들고 싶어진다.

필기감이 좋은 볼펜으로
빈 종이 위에 날짜와 요일을 적는다.

잠시, 머뭇거린다.

생각만 하다가 하루가 다 간다.

어딘가에서 본 문장이 떠올랐다.

'고민하기 전에 시작하라.'

다가오는 계절에는
여러 개의 큰 목표보다
한 번의 작은 시작 지점을 만들 것이다.

[만들다] 편 읽는 라디오

어느 날, 혼자 산책을 하다가 문득 주변을 보게 되었습니다. 주변에는 벤치에 앉아 쉬는 사람도 있고, 강가에서 개와 뛰노는 사람, 배드민턴을 치는 사람들도 있었습니다.

당시에 저는 어땠냐고요?
귀에는 이어폰이 꽂혀 있었고, 다리는 빠르게 걷기 바빴습니다. 그것은 이미 산책이 아니었고, 그저 물리적인 걷기에 불과하다는 생각이 들었습니다.

귀에 꽂힌 이어폰을 빼고, 핸드폰은 주머니에 넣고 근처 빈 벤치에 잠시 앉아보았습니다. 그제야 바람이 느껴지고 나뭇잎이 바람에 흔들리는 소리가 들렸습니다. 멀리 강가에 앉은 물새와 저 멀리 떠가는 구름도 보였지요.

다가오는 계절에는
여러 개의 큰 목표보다
한 번의
작은 시작점을 만들어보자.

고민 해결

항상 고민한다.

오늘은 뭘 먹어야 할지,
식사 후에 산책을 나갈지,
어떻게 돈을 벌 수 있을지,
그 돈으로는 무엇을 할지...

이 글 다음에는
어떤 글을 쓸지...

가시

덜렁대는 성격 때문인지
유독 자주 가시가 박힌다.

족집게로 바로 뽑아버리면 그만이지만
도저히 뽑지 못하는 경우도 있다.

그럴 때는 종일 신경이
온통 그곳에 가 있다.

뽑고 나면 아무것도 아닌 걸 알면서도
오랫동안 속 썩이는 조그만 먼지 조각.

오늘은 뽑자.

뽑고 나면 별것 아니라니까?

숫자

다가오는 D-day,
대책 없이 흘러가는 시간,
내 글 조회 수, 팔로워 수,
옷의 치수, 통장 잔액, 나이….

'고민은 다 어디에서 오는 걸까?' 했더니,
대부분 원인은 '숫자'에 있었다.

수많은 숫자 속에서
오늘도 끊임없이 시계를 본다.

마음을 비우고 싶다는 마음조차도
마음을 비우지 못한 증거인 것은 아닐까.

이런 생각조차도 몇 번째인지
숫자를 센다.

버려야 할 것

매일 아침,
스스로 과제를 주려고 강박을 갖는다.

결국에는 아무것도 하지 못하고
하루가 지나간다.

잘 써야겠다,
잘 해야겠다,
잘 봐야겠다,
잘 가야겠다.
……

여기서 '잘'이라는 글자만 빼면
모든 것이 가능한걸.

[고민해결] 편 읽는 라디오

잘 써야겠다, 잘해야겠다, 잘 봐야겠다,
잘 가야겠다….여기서 '잘'이라는
글자를 빼면 '써야겠다, 해야겠다,
봐야겠다, 가야겠다'가 되지요.

하고자 하는 일에서 '잘', 혹은 '열심히', '반드시'라는 글자를 한번 지워보면
어떨까요.

아마 고민하고 있던 것 중 절반은
해결될지도 모르겠습니다.

'잘'이라는 글자만 빼면
모든 것이 가능한걸.

가진 것들

만약 꿈을 보관해두는
상자가 있다면
나는 그 모든 상자를
색색깔로 칠해둘 것이다.

정말 아름다울 것이다.
나는 아직 누구에게도 말하지 않은
꿈을 많이 가지고 있으니까.

내가 가진 것들의 목록

내 모든 세계가 담긴 노트북

노트북이 놓인 작은 책상

책상 앞에 앉을 수 있는 빈 의자

어디든 함께 가는 편안한 신발 한 켤레

햇볕 아래서도 당당하게 걸을 수 있는
챙이 넓은 모자

무엇이든 넣을 수 있는 배낭

계속 늘어나고 줄어든다.
계속 줄어들었다가 늘어난다.

내가 가진 것들의 목록.

새 가방

매일 가지고 다니던 낡은 천 가방에서
가지고 다니던 소지품을 모두 꺼내어
새로 산 가죽 가방에 옮겨 담았다.

멋진 가방이 어쩐지 신경쓰인다.
어깨에 걸친 가방끈이 뻣뻣하게
느껴지고 평소 교통 카드를 넣어두던
가방 속 주머니를 찾지 못해
허둥지둥 정신없이 지하철을 탔다.

집으로 돌아와 다시 낡은 천 가방에
소지품을 옮길까 하다가 그만두었다.

무언가를 새롭게 가지려면
익숙해지는 시간이 필요하다.

내 모든 것을 담고 있는 것을 바꾸기란
더욱 그렇지 않을까.

오늘이라는 선물

매일 아침 눈을 뜨면 선물이 놓여 있다.

그것을 눈치챈 것은
어른이 되고 한참 후에.

날이 갈수록 선물을 받을 날도
줄어든다는 것은 최근에야 알았다.

살아있다면 누구나 받을 수 있는
오늘이라는 선물

오늘은 오늘밖에 가지지 못한다.
그러니 오늘은 부디 오늘을 누리자.

[가진 것들] 편 읽는 라디오

나이, 성별, 국적과 관계없이 누구에게나
공평하게 주어지는 것은 시간입니다.
하지만 우리는 시간 가지는 것을 당연히
여기고 늘 시간이 없다고 합니다.

참 이상합니다. 매일 보내는 것이 시간인
데 어째서 매번, 시간이 없는지 말입니다.

우리는 가끔 가진 것에 관한 생각보다 가
지지 못한 것, 가지고 싶은 것에 관한
생각에 더 깊이 빠지곤 합니다.
그것들을 갖기 위해서 가장 필요한 것
역시 그것을 가지기까지 보내야 할
시간일 겁니다. 이번 주는 내가 가진 것을
발견해 보는 시간을 가져보면 어떨까요.

아마도 그 시간만큼은
결코 낭비가 아닐 거예요.

오늘은 오늘밖에 가지지 못한다.
그러니
오늘은 오늘을 누리자.

마음

'마음'이라는 글자는
포용력이 넓다.

마음대로 하세요.
당신 마음입니다.

마음만 있으면
마음껏 쓸 수 있을 것 같다.

과민한 사람

배가 아파서 한밤에 응급실에 다녀왔다.
엑스레이를 찍고, 피검사를 하고,
다음 날 내과에 다녀왔는데도
늘 똑같은 답만 돌아온다.

"과민성 대장 증후군입니다."

고교 시절 생긴 이상한 지병,
언제까지 날 따라다닐까.

요즘에 내가 너무 과민했나?
내가 생각보다 예민한 사람이었나?

인터넷 포털 사이트에서
'과민하다'의 뜻을 검색해본다.

[형용사]
감각이나 감정이 지나치게 예민하다.

'지나치게'라는 부분에서
순간 예민해질 뻔했다.

마음먹기

'모든 일은 마음먹기에 달렸다'라는 말을
종종 듣는다. 미뤄 온 일들을 처리할 때
특히 이 말이 도움 된다.

반면 너무 많은 목표를 정해놓거나
누군가에게 보여주기 위해 마음을
먹게 되면 욕심이 되어 그르치는 경우도
종종 생긴다.

순수한 마음을 먹기는 생각보다 어렵다.

마음먹기를 하려면
마음 비우기를 먼저 해야 할 것 같다.

슬럼프

며칠 동안 아무것도 하기 싫어서
대부분 TV만 보고 있었다.
빌려둔 책도, 보고 싶던 영화도
모두 귀찮았다.

매일매일 뭔가 하겠다는
나와의 약속도 귀찮았다.

슬럼프는 또 다른 슬럼프를
만든다는 것을 이미 알고 있기에
조금이라도 뭐라도 하려고 노력했다.

사실은 이 모든 것이
자연스럽지 않다는 것을 잘 알면서
열심히 해야겠다는 생각만 먼저 앞섰다.

그러니까 슬럼프는
부자연스러울 때 찾아오는 것 같다.

[마음] 편 읽는 라디오

슬럼프.
뭔가 하던 일이 잘되지 않거나 정체되었을 때 많이 쓰는 단어입니다.
사전적으로는 '가치, 수량, 가격 등이 폭락하다, 털썩 앉다, 푹 쓰러지다, 불황' 등의 뜻이 있는데요. 체육학 사전에서는 '개인이나 팀이 경기에서 자꾸 지거나 그다지 좋지 못한 성적을 내는 기간'을 뜻한다고도 말하고 있습니다.

일하다 보면, 그 일이 아무리 원해서 시작한 일이라 하더라도 어느 시점에서는 발전하기보다 더디게 유지되는 기간이 있지요. 사실, 대부분의 일이 상승보다는 유지하면서 진행되는 기간이 더 길 수밖에 없는데요. 그럴 때, 스스로 그 기간을 슬럼프라고 단정하는 순간, 진짜 슬럼프가 시작되는 것은 아닐까요.

마음먹기를 하려면
마음 비우기를
먼저 해야 할 것 같다.

바란다

예전에 나는 바라는 것이
많은 사람이었다.

지금은 내리는 것이
많은 사람이 되었다.

다시 바라는 것이
많아졌으면 좋겠다.

오늘의 운세

오늘 아침,
우연히 '오늘의 운세'를 보았다.

'상처를 받기 쉬운 날이며
무슨 일이든 긍정적으로 받아들이세요'

아침부터 이런 부정적인 메시지를 보면
잠시 생각하게 된다.

'오늘 내가
상처받을만한 일이 뭐가 있지?'

하지만 곧 '생일이 이 날인 사람이
나만 있겠어?' 하고 잊는다.

반대로 좋은 운세가 나왔을 때는
'그래, 이거 잘 맞는다니까.' 하고
그대로 받아들인다.

결국, 운명도 내 마음에 달렸다.

무대 위로

초등학교 시절,
작은 피아노 대회에 나가게 되었다.
처음 오른 무대, 첫 소절에서 실수하고
말았다. 도저히 다음 소절이 생각나지
않았다. 무대에서 내려온 이후 다시는
피아노를 치지 않았다.

성인이 되어서도 한 번쯤 사람들 앞에
서야 하는 경우가 있다. 그럴 때마다
그 순간을 떠올리지 않으려고 노력했다.
그 생각조차 두려움의 증거라는 것은
뒤늦게 알았다. 아무도, 아마도, 오래전
무대를 망친 그 어린아이는 기억하지
못할 것이다.

이제 무대에 올라간 것만으로도
큰 용기였다는 사실을 안다.
어제, 오늘, 계속 그런 생각을 했다.
좀 더 용감해지고 싶다고.

나는 나를 구할 유일한 사람이다.

소원

선물 가게에서 친구에게 줄 선물을
사는데 서비스로 소원을 들어준다는
실 팔찌 2개를 주었다.

팔찌의 색이 마음에 들어서
친구와 나 하나씩 소원을 빌며
서로의 팔목에다 묶어주었다.

팔찌가 알아서 끊어질 때 즈음이면
소원이 이루어질 거라고 주문을 걸면서.

"무슨 소원 빌었어?"

물어봐도 친구는 대답하지 않는다.

나 역시, 입으로 내뱉어버리면
그만일까 봐 대답하지 않았다.

어쨌거나 바라는 것이 있다는 것은
아직 희망이 있다는 증거가 아닐까.

[바란다] 편 읽는 라디오

결국, 소원 팔찌는 어느 순간 끊어져 버렸습니다. 그런데, 무슨 소원을 빌었었는지 기억이 잘 나지 않더라고요.

차라리 친구에게 말해뒀으면 좋았을까 싶었는데, 곰곰이 생각해 보니, 소원이란 것은 어떤 일이 이뤄지기를 바란다는 의미잖아요?

아쉬운 마음은 들었지만, 그 소원을 잊어버린 걸 보니, 아마도 당시 간절했던 고민이 시간이 지나 자연스레 해결된 게 아닐까 하는 생각이 들었습니다.
요즘은 예전처럼 간절히 바라는 일이 드물어진 느낌입니다. 오히려 즐겁게 기대할 수 있는 소원 하나쯤 새로 만들어 보는 것도 좋을 것 같다는 생각도 하게 되네요.

바라는 것이 있다는 것은
아직 희망이 있다는
증거가 아닐까.

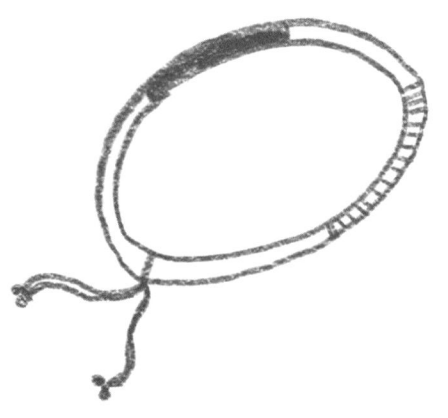

버리다

가끔 내린 물건 중
다시 필요해지는 물건이 있다.

내린 물건이 다시 필요해지면
조금 억울한 생각이 들기도 한다.

하지만 내릴 때는
내릴 이유가 있었을 것이다.

그것이 실수였다고 해도.

서랍 정리

서랍을 열었다
쓰다만 수첩, 필기도구,
빛바랜 사진, 받은 편지,
보내지 못한 카드,
버리지 못한 서류가
모두 여기에 있다.

잊어도 되는 것은 찢어버리고
버려도 그만인 것은
종이 상자에 담아
재활용 수거함에 내놓았다

서랍 3개를 모두 비우고
꼭 필요한 것만 남겨두었더니
서랍 하나면 충분했다.

모두 버렸는데도
빈 서랍 두 개가 남았다.

사진첩

오랜만에 사진첩 속
나와 친구들의 모습을 보았다.

기억에는 남아있다.
사진을 찍은 장소와 거기서 일어난 일들.

여전히 연락처 목록에는
사진 속 친구들의 전화번호가
남아있지만 연락할 생각을 하지 못했다.

한동안 잊고 있던
사람들에 대해 생각했다.

나 역시 누군가에게는
잊혔다 문득 떠오르는 사람이겠지.
여기에 사진이 있으니.

그걸로 충분하다는 생각이 들었다.
얼마 후에는 이 생각도 잊을 것이다.

지나가 버린, 지나쳐 버린

나도 모르게
지나가 버린 날들이 있다.

아무 기억도
남지 않는 날들이 있다.

지나쳐 버린
지나가 버린
수많은 하루.
모두가 다른 날들.

오늘도 결국
지나가 버릴 하루.

그저 지나쳐 버리지 않도록
조금 더 신경을 기울여
진심으로 지나고 싶다.

[버리다] 편 읽는 라디오

여전한 더위 속에서도 다가올 계절의 공기를 조금씩 느끼는 요즘입니다.
그래서인지 최근에는 주변을 정리해 보고 싶다는 생각이 부쩍 들었는데요.

손이 가는 곳은 책상 서랍이었습니다.
평소 습관처럼 자주 여닫지만, 정리할 엄두가 나지 않아 늘 미뤄두기만 했던 서랍 정리를 결심한 것은 사실 찾고 있던 수첩 한 권 때문이었습니다. 오랫동안 서랍 깊이 둔 수첩을 찾고 나니, 서랍 속에는 다시 찾아볼 생각이 들지 않는 다른 물건도 많았습니다.

평소 같으면 그대로 두었겠지만, 그날따라 모두 버리고 싶어졌습니다.
버리겠다고 마음먹고 나니 여전히 필요한 것들은 그리 많지 않았습니다.

서랍 3개를 모두 비우고
꼭 필요한 것만 남겨두었더니
서랍 하나면 충분했다.

치유

사소한 것들이 나를 치유한다.
따뜻한 홍차 한 잔,
새로 산 책의 빳빳한 질감,
말랑말랑한 밀가루 반죽,
인도식 카레와 고소한 난,
친구와의 통화,
길가에서 만난 고양이와
산책하는 개....

요리책

힘들 때 가끔 요리책을 본다.
대부분 요리책은
친절하고 여백이 많기 때문이다.

완벽하게 연출된 요리 사진은
하나의 그림에 가깝다.

어린 시절에는 엄마의 요리 백과를
내 방으로 가져가 넘겨 보고는 했다.

그렇다고 요리사를 꿈꾸지는 않았다.
실제로 따라 한다고 해서
그런 결과를 낼 거라는 희망도
품지 않았다.

그럼 왜 아직도 요리책을 보고 있을까.

요리와 레시피는 달라도
행복한 결말을
미리 알고 있기 때문일 것이다.

라디오 테라피

어느 행사의 기념품으로
라디오 하나를 갖게 되었다.

작은 상자같이 생긴 하얀색 라디오.
책상 구석에 두고 잊었다가
할 일 없던 어느 날 전원을 켜보았다.
치직- 하며 라디오가 입을 열었다.

신기한 마음에 주파수를 맞추자
오래전에 들었던 가요가 흘러나왔다.
좋아하던 노래가 아닌데도
소리가 나오는 것에 괜히 기분이 들떴다.

노래가 끝나자 다정한 목소리의 DJ가
다음 사연을 읽어주었다.
사소한 사연에도 키득키득 웃음이 났다.

누군가의 이야기를
듣는 것만으로도 편안한 시간.
참 오랜만이라는 생각이 들었다.

의자는 왜

다리 아래
아무도 없는 풀숲에
의자 하나가 놓여있다.

의자는 왜 거기 있을까.

누가 버리고 간 걸까.
일부러 놓고 간 걸까.
그것도 아니면,
우연히 거기에 떨어진 걸까.

누군가 앉아 쉬려고 했을까.
누군가 앉을 곳을
만들어 주려고 했을까.

의자는 왜 거기 있을까.
내일도 거기 있을까.

누군가 앉아있을까.

[치유] 편 읽는 라디오

걷다가 사람들이 지나다니는 다리 아래에 놓인 의자 하나를 보게 되었습니다.
인적도 없이 마른 개천과 풀숲이 우거진 곳에 의자가 놓인 광경을 보니 조금 이상하다는 생각이 들었어요.

버려졌다기에는 멀쩡한 의자이고,
또 놓인 장소도 햇볕 쬐기 좋은 정 바른 곳이라 누군가 놓아두고 갔다고 생각할 수밖에 없었는데요.
엉뚱한 생각인지도 모르지만, 쉬기 위한 용도로 쓰이던 의자가 스스로 쉬고 있는 것처럼 보였다고나 할까요.

이렇게 가끔 시선을 돌려보면 다리 위에 놓인 의자처럼 복잡한 생각을 쉬어갈 수 있는 어떤 풍경을 발견하게 되기도 합니다.

누군가의 이야기를
듣는 것만으로도 편안한 시간,
이런 시간이
참 오랜만이라고 생각했다.

쉼

이 페이지는 쉬어갑니다.

낮잠

가끔 오후에 10분 정도 낮잠을 잔다.

책상 위에 엎드리거나
소파에 기대거나
침대에 눕거나 아무래도 상관없다.

모두가 활동적인 시간에 자고 일어나면,
나만 거꾸로 가는 시계를 가진 것 같다.

여전히 밝은 창밖을 보면
아까와는 다른 장소에
도착해있는 것 같다.

여기서부터 다시 시작하면 된다.
여기서부터.

횡단보도 앞 은행나무

횡단보도 앞 커다란 나무 아래.
사람들이 모여 서 있다.

모자를 벗고, 양산을 접고
이마 위에 식은 땀을 닦아 낼
찰나의 휴식.

뜨거운 태양을 받치고 선 나무가
그늘로 사람들을 안고 있다.

사람들은 당연한 듯 그 속에 있다가
고맙다는 말도 없이 다시 떠나간다.
누구 하나 나무를 안아주지 못한다.

나무는 그늘을 거두지 않는다.

오늘도 태양 아래 그늘을 만들고
그 자리에 서서
사람들이 쉬어가게 내버려둔다.

소파에 앉아

휴일, 소파에 앉아
뭘 하고 쉴지 생각했다.

못 본 영화나 책을 볼까.
맛있는 음식이나 시켜 먹을까.
냉장고가 비었던데 장이나 봐올까.
모르겠다.
자고 일어나서 생각해봐야지.

깜빡 잠들었다 일어나니
하루의 절반이 지나가 버렸다.

아무려면 어때.
그냥 쉬려고 한 건데.

그렇게 생각하면서
언제나 그랬던 사람처럼
계속 소파에 앉아
흐르는 시간을 바라보았다.

[쉼] 편 읽는 라디오

예전에 저는 일을 하다가도 짧은 쪽잠을 자곤 했습니다. 잠을 자지 않고도 잠시 하던 일을 멈추고 게임이나 산책을 할 수도 있겠지만 잠을 잔다는 것은 모든 것을 멈추는 행위이기 때문에 조금 다른 휴식 방법이라고 볼 수 있을 겁니다.

잠시 자고 일어나면 밤에 긴 잠을 잤을 때보다 개운한 기분이 들기도 하고, 몸속 배터리가 충전된 듯한 기분이 들기도 해서 하던 일을 이어가는 데 도움이 되는데요.

이후, 잠깐 낮잠을 자는 것은 제게 지지부진한 지금을 충전하는 작은 의식이 되었답니다.

비움

산책로 벤치

운동 삼아 산책로를 걷다가
빈 벤치에 앉아 잠시 쉬기로 했다.

커다란 나무 아래 자리를 잡았다.

우직하게 생긴 개 한 마리가
꼬리를 흔들며 주인을 따라가고,
산새 한 마리가 나무 위에 앉았다.

새를 보려고 고개를 드니,
하늘 위에 구름이
조용하고 천천히 흐르고 있었다.

나는 편히 앉아 있지도,
일어서지도 못한 채로
찰나의 평화를 불안해했다.

종점

어느 역에서 파도처럼
밀려오는 사람 속에서
구겨지듯 겨우 열차에 올랐다.

종점을 남겨둔 몇 정거장 전,
그 많은 던 사람은 어디 가고
겨우 몇몇이 남았다.

남은 사람 모두가
앉고 싶은 자리를 찾아 앉는다.
차 안은 다시 평화롭다.

열차가 멈추었다.

남은 사람이 모두 내리자
열차는 미련 없이 문을 닫았다.

그리고 다시 시작점을 향해 달려갔다.

빈방에서 혼자

빈방, 어느 자리에 가장 편안한 자세로
앉는다. 양손은 무릎 위에 올려두고 눈은
지그시 감는다. 그동안 분주했던 양손과
눈꺼풀의 무게를 이제야 느낀다.

호흡을 시작한다. 숨을 천천히 들이쉬었
다가 멈추고, 다시 천천히 내쉰다.
여태 당연한 듯 반복되고 있던 호흡이
의식하는 순간 불편하게 느껴진다.

한 번 더 반복한다. 숨을 내쉬는 순간
모든 것을 내뱉을 수 있을 것 같다.

머릿속도 깨끗이 비울 수 있으면
좋겠지만 쉽지 않다. 외려 더 많은
생각이 살아나 와글와글 떠들어댄다.

상관없다. 호흡만 멈추지 않으면 계속
살아갈 수 있다. 혼자인 것 같아도
여전히 나를 관찰하는 내가 함께 있다.

[비움] 편 읽는 라디오

날씨 하나에 기분이 달라지는 것은 우리 역시 자연의 일부이기 때문일 텐데요.

오늘은 그동안 눈을 혹사해 온 스마트폰이나 PC에서 잠시 눈을 떼고 창밖의 먼 풍경이나, 소리, 몸의 감각 등에 집중하면서 잠시나마 비우는 시간,
가져보면 어떨까요.

자신을 의식할 겨를도 없이 바쁘게
흘러가는 일상에서 나를 위한
휴식 시간을 오롯이 지키는 것.

꼭 필요한 일이라는 생각이 들었습니다.

혼자인 것 같아도
여전히 나를
관찰하는 내가 함께 있다.

책

나의 작은 책장에는
다 읽은 책이 30%
반쯤 읽은 책이 50%
읽지 않은(못한) 책이 15%
영원히 읽히지 않을 책이
아마도 5%

작은 카페, 작은 서가

집 근처, 등산로 초입에
조그만 카페가 하나 있다.

주말에는 등산객이 쉬었다 가고,
평일에는 주변 학교의 학생들이
과제를 하거나 대화를 나눈다.

나는 일주일에 한 번 여기에 들른다.
커피값도 싸고, 카페 주인의 안목으로
골라놓은 책도 흥미롭다.

카페의 책은 스무 권이 채 되지 않는다.
하지만 나는 카페 서가에 꽂힌 책들
대부분이 마음에 들었다.
그중에는 읽은 책도 있고,
궁금한 책도 있었다.
저번에는 피에르 쌍소의
《느리게 산다는 것의 의미》를 읽었다.

편안한 카페에서 좋은 책을 읽고 있으니,
그 시간만큼은 느리게 흐르는 것 같았다.

헌책

필요한 책이 절판되어
헌책방에 찾아보러 갔다가
뜻밖의 책을 두 권 샀다.

언제인가 사보려고 했다가
흥미가 사라져 잊고 있던 책이었다.

생각지도 못한 선물을 받은 것 같아서
기분이 좋아졌다.

집으로 돌아와
새로 산 책을 넘겨 보았다.
누군가의 책장에
어떤 시간 동안 머물렀다가
우연히 내게로 온 책.

시간을 머금은 책에는 생명력이 있다.

빈방에서 혼자

이사하면서 갖고 있던 책의 3분의 2를
정리했다. 팔거나 선물하거나 버렸다.

살아남은 책은 크게 두 부류다.
좋아하거나 미련이 남거나.
전자는 여러 번 읽어서 책장이 지저분한
경우가 많지만, 후자는 새 책에 가깝게
깨끗하다.

나는 대부분 책장을 펼쳐 첫 문장을 읽고
매료되었을 때 책을 산다.
첫 문장의 느낌이 좋았던 책은
대부분 끝까지 좋았기 때문이다.
종종 판단에 오류가 생길 때도 있다.
그렇게 읽다 만 책은 영원히 사라지지
않을 것처럼 버틴다. 어쩌면 좋아했던 것
보다 더 오랫동안 나를 따라다닐 기세로.

그래서 미련이 무섭다고 하나 보다.
그런 생각을 하며 나는 다시
읽다 만 책을 책장에 꽂아 두었다.

[책] 편 읽는 라디오

얼마 전에 헌책방에서 우연히 카페에서 읽은 책, 피에르 상소의 《느리게 산다는 것의 의미》를 발견하고 반가운 마음에 곧바로 사서 집으로 돌아왔는데요.

책을 열어보니 제목만큼이나 느린 속도로 천천히 읽고 싶은 책이었습니다. 현재 이 책은 《느리게 사는 것의 의미》라는 제목의 개정판이 나와 있는데요.

산다는 것과 사는 것.

작은 차이 같지만,
완전히 다르게 느껴졌습니다.

누군가의 책장에
어떤 시간 동안 머물렀다가
우연히 내게로 온 책.
시간을 머금은 책에는
생명력이 있다.

물건들

다 필요해서 샀지만
어디에 있는지도 모르는
물건들

어디에 숨어있을까.

정말 필요하면 찾게 될 테지.

연필깎이

가끔 연필로 글을 쓴다.
HB 연필 4자루를 연필깎이로
미리 깎아놓는다.

칼을 쓰는 데는 재주가 없어
도구를 이용하기로 한다.

내게는 2가지 연필깎이가 있다.

플라스틱으로 된
조그만 휴대용 연필깎이.
연필을 동그란 홈에 넣고
연필을 돌리면서 깎는다.

두 번째 손잡이를 돌려 깎는
반자동식 연필깎이. 좀 더 쉽고 힘 있게
연필을 깎을 수 있다.

방금 깎은 연필로 노트에
첫 글자를 적는 순간만큼 기분 좋은 일은
생각보다 많지 않은 것 같다.

손수레

도서관에 책을 빌리러 다녀왔다.

대부분 두꺼운 자료 책들이라
무거울 것 같아서 고민하다가
조그만 손수레를 끌고 갔다.

책을 차례로 쌓아 넣고도
공간이 많이 남아서
간단히 장도 볼 수 있었다.

장을 보고도 여유가 있어서
평소보다 먼 길을 돌아 산책도 했다.

손수레의 기능,
생각보다 다양하구나.

빈방에서 혼자

한때, 내게는 많은 컵이 있었다.
손잡이가 있는 컵, 손잡이가 없는 컵,
라면을 담을 만큼 큰 컵, 한 모금에
끝나는 에스프레소 컵, 강화유리 컵,
투명한 컵, 알록달록한 컵, 단정한 단색
컵, 도자기 컵, 커피전문점 브랜드 컵,
소품샵에서 산 캐릭터 컵, 행사에서 증정
받은 컵, 천 원도 하지 않는 싸구려 컵,
빈티지 시장에서 구매한, 오래된 컵….

컵의 최후는 항상 예고 없이 찾아왔다.
두 번째 커피를 따르려 할 때, 설거지 중
에 세제를 묻히고 놓으려 했을 때, 침대
에서 책상으로 이동할 때, 그저 팔을 뻗
었을 때, 컵과 쟁반 아래에 고인 책을
빼려고 했을 때, 친구와 전화로 수다를
떨고 있을 때….

다 어디로 갔을까.

요즘은 튼튼한 스테인리스 컵을 자주
사용한다. 차가움과 따뜻함을 오래
머금어주는 크고 작은 스테인리스 컵.

어쩌다 보니 5개나 가지게 됐다.

그래도 향이 좋은 커피와 차만큼은 내가
가지고 있는 것 중 가장 아름다운 컵에
담아 마시고 싶다.

좋은 컵은 보는 것만으로도 기분 좋은
여운을 남긴다.

내가 생각하는 좋은 컵은 잡았을 때
묵직한 안정감이 있고, 담긴 내용물을
더 돋보이게 하며,

잘 깨지지 않는 컵이다.

방금 깎은 연필로
첫 글자를 적는 순간만큼
기분 좋은 일은
생각보다 많지 않은 것 같다.

문구

초등학교 시절,
우리 동네에는
〈둘리 문구〉가 있었다.

사장 아주머니는
안목이 좋아서
나는 거기에 있는
모든 문구를 다 갖고 싶었다.

지금 〈둘리 문구〉는 사라졌고
가게는 셔터가 내려져 있다.

누군가 '호이'라고 낙서해 놓았다.

잘 나오는 볼펜

쓱쓱- 부드럽게 종이 위를
미끄러지는 볼펜이 좋다.

예전에 쓰던 볼펜은
늘 종이에 걸려 넘어졌다.

이제는 좋은 볼펜을
고르는 요령이 생겼지만,
여전히 무엇을 써야 할지 몰라 망설인다.

오랜만에 새 볼펜 한 자루를 샀다.

천천히 종이 위로 선을 긋는다.
이 선이 언제까지 이어질까.

갑자기 무엇이든 쓰고 싶어졌다.

파란 필통

내게는 천으로 만들어진
파란 필통이 있다.

필통 속에는 어제 깎은 연필 몇 자루와
무엇이든 쓸 수 있는 검은색 볼펜,
중요한 문장에 줄을 긋는 형광펜과
인덱스 테이프가 들어있다.

파란 필통을
내 오래된 배낭 속에 넣는다.

자, 밖으로 나가자.

일기장

고향의 내 방 서랍에서 고교 시절 쓴 5권의 일기장을 찾았다. 일기장에는 스티커 사진부터 회수권, 수험표, 성적표까지 스크랩되어 있었다. 마치 지금의 내가 일기장을 볼 것이라고 예견이라도 한 듯 철두철미하고 집요한 기록의 장이 거기에 있었다.

키득대며 낯 뜨거운 기록을 넘겨 보다가 당시 친구들 안부가 궁금해졌다.
이름은 알지만, 얼굴은 잊은 친구들.
세월이 많이 흘렀어도 별로 변한 것이 없다고 생각했는데, 많은 것이 변했다.
새해를 핑계로 연락이 끊긴 친구들에게 안부를 물어볼까 하다 그만두었다.
더는 지속하지 못한 관계를 인정하는 것 또한 예의라는 것을 이제 알기 때문이다.
일기장을 덮었다.

버리지 않는 한 그때의 나와 친구들은 거기에 계속 남아있을 것이다.

[문구] 편 읽는 라디오

요즘은 노트북 키보드가 펜을 대신하고 있지만, 손으로 직접 글을 써보면 생각한 것보다 더 신선한 글이 나올 때도 있습니다.

노트북에 쓰는 글은 생각을 '입력한다'라는 느낌이고, 펜으로 직접 쓰는 글은 생각을 '쓴다'라는 느낌이 듭니다. 원고지에 직접 글을 쓰던 시절에는 한 글자가 밀렸다는 이유로 팔이 아프도록 지우개질하거나, 모조리 다시 써야 하는 수고로움이 있기도 했지만, 네모 한 칸마다 자리 잡은 글씨를 보면 뿌듯함을 느끼기도 했습니다.

문구에 많은 분이 애착을 가지는 것은 아마도 이러한 아날로그 시대의 경험과 향수에 의한 것이 아닐까요.

버리지 않는 한
그때의 나와 친구들은
거기에 계속
남아있을 것이다.

놀이

우리 동네 친구들은
모두 놀기의 대장이었다.

돌멩이, 분필, 공깃돌,
고무줄, 계단만 있으면
하루 종일 밖에서 뛰어놀 수 있었다.

지금은 다들
뭐하고 놀려나-

실뜨기 놀이

기다란 털실을 묶어 커다란 원을 만든다.

양손에 실을 걸고 여러 번 왔다 갔다
하며 작은 길을 만들고 사다리를 만들고
별을 만들었다.

때로는 실이 꼬일 때도 있었다.
실을 뜨는 방향이 다를 때도 있었다.
그러나 언제고 다시
익숙한 모양으로 돌아왔다.

계속 같은 모양이 반복되어도
두 사람 중 한 사람이
그만둘 때까지 놀이는 계속되었다.

승자도 패자도 없이
한 줄의 실 만으로도
즐거웠던 시간이 있었다.

비눗방울

골목에서 한 아이가
비눗방울을 불고 있다.

다른 아이들은
손을 뻗고, 폴짝폴짝 뛰면서
날리는 비눗방울을 잡으려 한다.

비눗방울은
아이들의 손, 어깨, 머리에
내려앉았다가 이내 사라진다.

아이들은 배운다.
닿으면 사라지는 것들에 대해.

그리고 다시
새로운 비눗방울을 따라다닌다.

반짝이는 비눗방울 속에서
아이들이 뛰놀고 있다.

버리기 게임

가끔 보드게임을 한다. 그중 루미큐브는 자주 하는 게임 중 하나이다.

같은 색상의 숫자 블록을 순서대로 3개 이상 가지고 있거나 다른 색상의 숫자 블록을 같은 숫자로 3개 이상 가지고 있으면 해당 블록을 버릴 수 있다.

처음에는 공정하게 나누어 갖지만,
나중에는 모두 다 버린 사람이
이기는 게임이다.
필요 없는 블록이 연속해서 들어오면
상대방이 내가 필요한 것을 버려주기를
간절히 기다리게 된다.
상대방은 상대가 원하는 블록이 뭔지 모르고 버렸다가 도움을 주기도 한다.

어쨌거나 결론은 다 털어버려야
이긴다는 것이다.

이번에도 내가 졌다.

[놀이] 편 읽는 라디오

놀이.
인간의 생존과 관련 있는 활동 또는
'일'에 해당하는 활동을 제외한 모든
신체적·정신적 활동을 의미하는
말이라고 합니다.

생각해 보면 오프닝에 읽어드린 실뜨기
놀이처럼, 어린 시절에는 밖으로 나가기
만 해도 모든 것이 놀이였습니다. 작은
돌멩이 몇 개, 고무줄 하나로도 여러 친
구와 함께 모여 몇 시간이고 뛰놀 수 있
었는데요. 어른이 된 지금은 더 많이 누
릴 것들이 생겼는데도 금세 피로감을
느끼곤 합니다.

문득 나는 과연 생업인 일을 제외하고,
그동안 얼마나 잘 놀아왔는지(?)
생각해 보게 되더라고요.

승자도 패자도 없이
한 줄의 실만으로도
즐거웠던 시간이 있었다.

발견

되도록이면
즐거운 것, 밝은 것, 좋은 것을
발견하면서 살고 싶다.

매일
아주 조금씩이라도-

리 프레이밍

인터넷을 하다가
재미있는 단어를 발견했다.

리 프레이밍(reframing) : 심리적인 테두리
의 변환. 의견 또는 견해를 바꿈으로써
스트레스를 해소하고 행동 양식을 바꾸어
가는 일.

두렵거나 힘든 일이 닥쳤을 때, 부정적인
생각을 거꾸로 전환해보란 것이다.
내게도 대입해 잠시 생각해 보았다.

왜 빌린 책을 읽지 못하고 반납해야 할까?
= 독서보다 중요한 일이 많았기 때문이다.

왜 다이어트 한다면서 많이 먹었을까.
= 저녁 메뉴가 맛있었기 때문이다.

쓰다 보니까
리 프레이밍보다 변명만 늘고 있다.

기념품

오랜만에 책상 정리를 하다가
잊고 있던 영화 엽서와
전시 팸플릿을 발견했다.

분명 당시에는
가슴이 두근거렸던 것 같은데,
지금 보니 덤덤하다.

이대로 버리기에는 석연치 않아
결국에는 다시 있던 자리에 끼워 넣고
당분간 잊기로 했다.

기념품이란 이런 것이 아닐까.

횡단보도

산책하다 보면 늘 지나야 하는
건널목이 있다.

길모퉁이에 있는 이 건널목에는
아무도 없을 때가 더 많다.

간혹 지나가는 사람들조차 신호등을
무시하고 지나가는 경우가 대부분이다.

나 역시 늘 빨간 불일 때 도착하게 돼서
조급해지곤 한다. 이곳의 신호등은 다른
곳보다 유독 느리게 바뀌는 것 같다.

몇 번의 기다림을 겪은 후에야
조금 멀리 돌아가더라도
되도록 신호등이 없는 골목으로
걸어가게 됐다.

그동안 여기에 사람들이
보이지 않던 이유를 알았다.

[발견] 편 읽는 라디오

사실 '리 프레이밍'은 촬영기법 용어이기도 한데요. 고정된 카메라를 움직여 다시 구도를 잡거나 같은 그림을 다른 배경으로 프레임을 바꾸면서 촬영하는 방법이라고 합니다.

우리의 인생은 어떻게 보면
한 편의 영화 같기도 하지요.

비슷하게 반복되는 일상이라 할지라도 나의 하루를 평소와 다른 프레임(생각)으로 바라본다면 조금은 새로운 하루가 되지 않을까요.

반복되는 일상을
나만의 렌즈로
새롭게 바라보기

여행

나는 여행을
좋아하면서도 두려워한다.

늘 짐을 쌀 때마다 고민한다.

그곳에서 과연
무사할 수 있을까.

내게 여행의 묘미는
'걱정'과 '안도'의 반복이다.

여행은 가방부터

커다란 가방 속에
필요한 물건을 모두 골라놓았다.

이만하면 충분하다 싶다가도
혹시나 하고 다시 가방을 연다.

평소엔 가지고 다니지 않던 물건을
굳이 생각해내어 찾아 넣는다.

여러 번 가방을
열었다 닫았다 반복하면서
여행은 이미 시작되었다.

나의 사진기

사진기와 함께 걸으면
늘 가던 산책길도 다르게 보인다.
아주 작은 개미도 크게 보인다.
길가에 흔한 민들레도 다시 보인다.

사진기와 함께 걸으면
평소보다 느리게 걷는다.
사각 프레임 속에
잠시 머물렀다가 떠나기를 반복하면서.

잘 찍으면 잘 찍은 데로
못 찍으면 못 찍은 데로
언제나 사진 안과 밖에는 내가 있고,
사진 속에 붙잡아 둔 순간으로 돌아가
다시 그때를 볼 수 있다.

될 수 있으면 계속 붙잡고 싶지만
돌아갈 수는 없다. 붙잡을 수도 없다.

그저 보는 것으로 만족해야 한다.
가끔 꺼내어보는 것으로 감사해야 한다.

늦은 밤 버스

버스가 깊은 어둠 속을 달리고 있다.

버스 안의 불도 꺼졌다.
스르륵 나도 잠들었다.

한참을 잔 것 같은데도 버스는
멈출 생각을 하지 않는다.

저 멀리에 있는 산 밑
작은 집의 작은 불빛을 본다.

저기서는 여기가 보일까.
정말 누군가 살고 있을까.
그저 불빛일까.

휙- 휙-
수많은 집과 건물, 공장, 가로수와 밭,
산, 바다, 어느 사람의 묘지를 지나

집으로 돌아왔다.

[여행] 편 읽는 라디오

여러분은 여행을 좋아하시나요?
저는 익숙한 곳에서의 편안함과 안정된 느낌을 좋아하는 편이어서 여행을 즐기지는 않지만, 여행에 대한 기억은 가장 즐거운 시간에 찍어둔 사진 1장처럼 긍정적인 이미지로 남아있습니다.
한편, 여행은 예측할 수 없어서 두려운 감정을 동시에 떠올리게도 하는데요.
내일을 예측할 수 없는 것은 일상도 마찬가지이지만 낯선 환경을 처음 접할 자신을 잘 모르기 때문인지도 모르겠습니다.

괴테는 '사람이 여행하는 것은 도착하기 위해서가 아니라 여행하기 위해서다'라는 말을 남기기도 했는데요.

어떻게 살아갈 것인가를 선택하는 것이 삶의 목적이 될 수도 있지 않을까요?

여러 번 가방을
열었다 닫았다 반복하면서
여행은 이미 시작되었다.

거리에서

어쩌다 가끔
거리에서 아는 이와
마주칠 때면
매우 반갑게 인사한다.

우연히 마주친다는 것은
생각보다 더
쉽지 않은 일이니까.

거리의 빵 가게

사람들이 북적이는 번화가 횡단보도 앞.
신호를 기다리고 있는데 저 멀리서
'저기요!' 하고 달려오는 아주머니가
보인다. 가만 보니 앞치마 차림.
한 손에는 빵이 든 봉투를 들고 있다.

돌아보니 빵을 파는 매점 상이 보인다.

아주머니는 통화 중이던 또 다른
아주머니에게 다가서서 "어휴! 계산하고
안 가져가면 어떡해요. 호호." 하며
빵 봉투를 안겨주었다.
"어머, 고마워요! 큰일 날 뻔했네!"
거리의 빵 가게 아주머니는 그제야
안심한 표정으로 돌아간다.

신호가 바뀌었다.

빵을 되찾은 아주머니도 함께 서 있던
사람들도 다 같이 길을 건넌다.
오늘따라 빵 냄새가 참 좋다.

산책로 라디오

산책로를 걷다 보면 본의 아니게
음악 감상을 하게 되는 경우가
종종 있다.

신나는 트로트 한 자락을
들려주며 걸어오는 할아버지.
할아버지의 허리춤에는
사각형 라디오가 매달려있다.

그때 반대편에서 또 다른 곡을 들려주며
자전거를 타고 다가오는
또 다른 할아버지.

어느 방향으로 걷느냐에 따라
다양한 음악을 감상할 수 있지만
선곡은 불가능하다.

아쉽게도 오늘은 두 DJ 모두
내 취향은 아니었다.

우연한 체조 인형

늘 지나던 지하철역 근처에 자리를 펼쳐 놓고 신기한 잡동사니를 파는 노점상이 있었다. 품목은 다양했다. 유명 브랜드 카피로 보이는 손목시계, 녹슨 촛대, 깨진 그릇, 낡은 신발, 돋보기, 우표 수집책 등. 주인아저씨는 언제나 낚시 의자에 앉아 그 물건들을 방치해두고 꾸벅꾸벅 졸고 계셨다.

어느 날 늘 파리가 날리던 매대 앞에 신기한 물건이 하나 입고되었다. 양팔이 회전체에 고정된 체조 선수 인형이 위아래로 회전하는 장식품이었다. 나는 그 인형이 이상하게 마음에 들었다. 가격을 물어볼 용기는 나지 않았다. 고민 끝에 다시 가보았더니 아저씨는 보이지 않았다. 그러자 그 체조 인형이 더욱 갖고 싶어졌다. 기회는 자주 오지 않는다는 걸 잠시 잊고 있었다.

이상한 체조 인형을 살 기회라면 더욱더.

[거리에서] 편 읽는 라디오

<우연한 체조 인형>을 쓴 이후에도 노점상을 하시는 아저씨와 다시 마주친 날이 있었는데요. 그 체조 인형은 이미 사라진 후였습니다.

아마도 나와 같은 생각을 한 누군가가 그 물건을 샀겠구나. 라는 뒤늦은 후회가 들기도 했는데요. 이 일을 겪은 후 조금 재미있는 생각도 하게 되었습니다.

가끔 내 앞에 다가오는 이런 사소한 우연을 한 번쯤 유쾌하게 받아들이는 여유를 만들어본다면 좀 더 즐거운 일상을 보낼 수 있지 않을까하고요.

때로는 별 의미 없어 보이는 일도 시간이 흐르고 보면 종종 떠오르는 기억으로 남기도 합니다.

기회는 자주 오지 않는다는 걸
잠시 잊고 있었다.
이상한 체조 인형을
살 기회라면 더욱 더.

동물들

그저 함께 있다는
사실만으로도 충분한.

그저 거기에 있다는
사실만으로도 고마운.

까미의 꿈

이곳은 몹시 고요하다.

나는 여기가 어디인지 모른다.

젖은 풀 냄새가 난다.

나는 이리저리 뛰어다니고 있다.
풀숲에 숨었다가 나오기를 반복한다.

내 친구가 근처 벤치에 앉아
나를 보고 있다.

내리쬐는 오전의 햇살이 기분 좋다.
나는 행복을 느낀다.

지금 이 순간.

* 까미는 우리 가족의 사랑스러운 첫 고양이였고, 올해 노환으로 무지개 다리를 건 넜다. 그동안 우리와 함께 해줘서 고마웠어. 까미야. 사랑해.

한겨울의 고양이

집 근처에는 많은 고양이가 살고 있다.

노란색 얼룩무늬, 까만색,
갈색 털과 검은색 털이 뒤죽박죽 섞인
그런 고양이들.

검은 고양이 한 마리가
얼어붙은 플라스틱 접시를 핥고 있다.
누군가 밥을 챙겨준 모양이다.

나는 잠시 먹는 데만 열중하는
고양이를 바라보았다.

이 추운 와중에 용케도 살아남았구나.

온몸을 패딩 점퍼로,
목도리로, 모자로, 장갑으로 무장한 내가
작아지는 순간이다.

산새

산새 한 마리가
부러진 나뭇가지를 물고 있다.

주변을 살피더니
길 건너 가로수로 날아간다.

둥지를 만들려나 보다.

주변에는 빌라 공사가 한창이다.

볼 수 있는 하늘의 평수도
날이 갈수록 좁아진다.

뚝딱거리는 소음 사이로
산새도 집을 짓는다.

[동물들] 편 읽는 라디오

우리 주변에는 많은 동물이 살고 있는데요.

사실 자연은 사람뿐만 아니라 동물과 식물 모두에게 주어진 것인데 너무나 당연하게 그들의 자리를 뺏고 지내는 것은 아닌가 하는 생각도 하게 되었습니다.

이번 주에는 우리 집과 길에서 만난 동물들에게 '고마워' 하고 인사를 건네보면 어떨까요.

볼 수 있는 하늘의 평수도
날이 갈수록 좁아진다.
뚝딱거리는 소음 사이로
산새도 집을 짓는다.

사소하지만

각자 의미를 달리할 뿐

사소한 것도 없고
특별한 것도 없다.

또는

사소한 것도 있고
특별한 것도 있다.

사진

오랜만에 앨범 정리를 했다.
언제부터인가 내 모습만을 담은 사진이
거의 없었다.

마지막으로 찍은 사진은
갑자기 쏟아진 폭설에
망가진 우산을 쓰고
추위에 온몸을
꽁꽁 감싸고 있는 모습이었다.

이번 봄에는 꽃밭에서
활짝 웃고 있는
사진을 한 장 찍어두어야겠다.

버스 벨

버스 안에는 목적지에 내리기 전 벨을
먼저 누르는 사람과 누군가 누를 때까지
기다리는 사람이 존재한다.

나는 성격이 급한 편이어서 전자에
속하는데, 후자를 발견하면 눈치껏
돕기도 한다.

하지만 간혹 벨을 누르고 싶어 하시는 듯
해서 눌러줬다가 아무도 내리지 않아
낭패를 보는 일도 있다.

그럴 때는 마치 남의 집 대문 초인종을
누르고 도망치다 들킨 것처럼
뒤통수가 따끔해진다.

어쨌거나
오늘도 나는 먼저 벨을 눌렀다.

솔방울

아침에 뒷산으로 나갔다.

신선한 풀과 흙냄새를 맡으며
걷는데 떨어진 솔방울이 보였다.

몇 개 주워 와서 씻어 말려보았다.

물기를 잔뜩 머금은 솔방울은
날개를 모두 닫고 움츠렸다가
마르면서 본연의 모습으로
천천히 돌아온다.

가만히 들여다보니
그 모양도 제각각이다.

무엇이든 자꾸만 들여다보면
개성을 찾을 수 있다.

[사소하지만] 편 읽는 라디오

산책 중에 바닥에 흩뿌리듯 떨어져 있는 솔방울을 보게 되었습니다. 평소에는 너무 흔해서 사소하게 생각한 솔방울인데, 문득 그 모양이 참 귀엽다는 생각이 들어서 몇 개 주워 와 씻어 말려보았지요.

다 비슷비슷하게 생긴 솔방울인 줄 알았는데 가만히 들여다보니 크기부터 비늘이 벌어진 모양까지 모두 제각각이더라고요.

평소에는 그냥 지나쳤던 솔방울도 다시 봄으로써 특별해질 수 있다는 것이 새로운 의미로 다가왔습니다.

떨어진 솔방울도
자세히 들여다보면
특별해질 수 있다.

시작

시작은
내가 선을 긋는 대서
시작되는 것-

_____

여기부터 다시 시작

시작

이불 속에서 나오는 것
기지개 펴보는 것
차가운 물로 세수하는 것
양말을 신는 것
문을 여는 것
밖으로 나가는 것

컴퓨터를 켜는 것
워드 파일을 실행해보는 것
아무 단어나 하나 써보는 것

매일 어느 한순간,
다시 시작한다.

달리기

학창시절에 나는
달리기를 잘하지 못했다.

달리기 직전 ,선생님의 호루라기 소리를
기다릴 때부터 이미 늦었다고 생각했다.

내 시작은 언제나 반 스텝 늦었다.

오래달리기는 조금 나았다.
시작이 늦어도
골인은 버티기 싸움이었다.

빨리 달리기에서는 꼴찌였던 내가
오래달리기에서는 이등을 했다.
그렇다고 달리기를 잘하는 아이로
인정받지는 않았다.

지금도 나는 달리기를 잘하지 못한다.
대신 계속 달리고 있다.

반 스텝 늦게. 계속- 계속-

마지막과 끝 그리고 시작

이제 마지막-
마지막이 아닐 것 같이 들리는 말.
그래서 함부로 써서는 안되는 말.

이제 끝-
정말 끝난 것처럼 들리는 말.
그래서 확신할 때 쓰는 말.

이제 시작-
용기만 있으면 언제든 쓸 수 있는 말.
마지막과 끝이 아니라도 언제든.

[시작] 편 읽는 라디오

글쓰기를 하면서 어느 순간 두려움이 찾아오기 시작했습니다. 점점 커서만 깜빡이는 빈 화면을 보고 있을 때가 많아졌지요. 사실 이 책에 수록된 글은 그런 두려움을 떨치고자 시작한 '매일 글쓰기' 루틴으로 쓴 글 모음이었는데요.
책 <작가의 시작>에서 저자 '바버라 애버크롬비'는 페이지 위에 무언가 나타나기 전까지는 아무것도 없는 것이고 그저 소망에 불과하다고 말하기도 했지요.
어느 날 시작한 글쓰기 루틴이 책이 되는 과정을 거치면서 아주 미미한 시작점이라도 만들 수 있다면 뭐든 완성도 할 수 있다는 것을 알게 되었는데요.
이 책을 읽고 계신 오늘은 어떤 시작을 하셨는지요?
아주 작은 지점이라도 좋습니다.
인생의 모든 변화는 찰나의 시작에서 시작되는 법이니까요.

이제 시작

용기만 있으면

언제든지 쓸 수 있는 말.

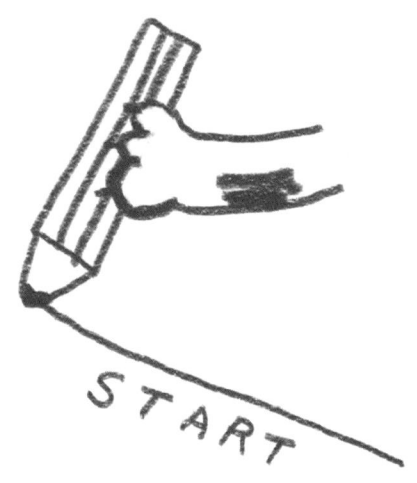

[아침의 토스트] 개정판 편집 후기

이 책은 네이버 오디오클립 <토스트, 2017>에서 낭독된 원고 스크립트 모음집으로 텀블벅 모금을 통해 독립 출판물 <토스트 먹고 갈래요?, 2019>라는 제목으로 처음 출간되었습니다. 이후, <아침의 토스트, 2024>라는 지금 제목으로 POD 출간을 거쳐, 개정판을 정식 출간하게 되었습니다.

냅킨 한 장 분량의 짧은 글들이라도 꾸준히 써보자고 결심한 당시,
저는 낯선 지역에서 신혼생활과 새로운 회사일에 적응하던 중이었습니다.
고독하고 바쁜 나날이었지만, 지금보다 마음의 여유는 많을 때였나봅니다.

첫 출간 이후 8년이 흐른 지금,
다시 읽은 원고는 그때 알아차리지 못한 따스함을 간직하고 있었고, 덕분에

잊고 있던 시절을 되돌아 보게 되었습니다. 뭔가 이루기 위해 애쓰기보단, 그저 매일 글을 쓰는 순간이 얼마나 소중했는지 다시 떠올릴 수 있었기 때문입니다. 그런 의미에서 개정판에 수록된 삽화도 직접 그려보았습니다. 그림에 재능이 없다고 생각해 오랜 시간 멀리했지만, 강박을 버리고 다시 그리는 일도 꽤 즐겁더라고요. 여전히 빈틈이 많은 책이지만, 그 빈틈이야말로 이 책이 지닌 매력일지도 모른다고 생각하고 다시 엮었습니다. 독자분들도 이 책에서 잊고 지낸 여러분만의 마음을 다시 떠올릴 수 있길 바라봅니다.

그럼, 오늘도 갓 구운 토스트처럼 따뜻한 하루 보내시길 바랍니다.

2025년 늦여름, 다시 책을 구우며
밑줄서가 드림

밑줄서가 수첩산문집 시리즈 1
커피 앞에서 쓰기

커피 한 잔, 수첩에 쓴 한 문장.
오늘도 일상을 수집합니다.
일상의 영감을 기록한 수첩산문집

온/오프라인 서점에서 만나보세요.

아침의 토스트
김영주 냅킨에세이

개정판	2025년 10월 10일
초판 1쇄	2024년 5월 3일
글쓴이	김영주
펴낸곳	밑줄서가
출판등록	2024년 1월 23일 (제2024-000011호)
이메일	zero-week@naver.com
ISBN	979-11-986521-2-6 (03810)

값 18,000원

이 책의 저작권은 글쓴이와 밑줄서가에 있습니다.
이 책은 저작권법에 따라 보호받는 저작물이므로 무단전재 및 무단복제를 금지합니다.